A&D SERIES 1

BETA-PLUS

A&D SERIES 1

pascal van der kelen

BETA-PLUS

FOREWORD

This new *A&D* (Architecture and Design) *Series* explores the close connections between contemporary architecture, interiors and home design.

This theme is illuminated with the help of fascinating monographs on leading architects, interior designers and design companies, and also with various thematic publications.
Private residences, public projects, office buildings and shops are all featured.

The first volume of this new series is devoted to the work of architect *Pascal van der Kelen* (b. 1963).
Directly after his studies, he started his own architectural practice, often collaborating initially with renowned Belgian architectural firms.
The constant interaction between architectural plans and interior design that typifies *van der Kelen* makes him the ideal focus for the first monograph in this new series.

All of his designs (many private residences, and also a number of offices, a notary's practice, a hairdressing salon, various boutiques, and other projects) are characterised by a sophisticated sense of calm and a streamlined use of forms, which is simultaneously simple and sumptuous.

Cette nouvelle collection *A&D* (Architecture et Design) *Series* explore les liens étroits qui unissent l'architecture et l'aménagement intérieur contemporains et le design.

Ce leitmotiv est illustré à l'aide de fascinantes monographies portant sur des architectes pionniers, des créateurs d'intérieur et des bureaux de design, mais aussi à travers différentes publications aux thèmes très divers. Les projets présentés concernent aussi bien des habitations privées, des réalisations publiques, des bureaux que des surfaces commerciales.

Le premier volume de cette nouvelle série est entièrement consacré à l'œuvre de l'architecte *Pascal van der Kelen* (°1963).
Dès la fin de ses études, il fonde son propre bureau d'études, tout en travaillant de façon très régulière avec des bureaux d'architecture belges réputés.
La symbiose perpétuelle chez *van der Kelen* entre l'architecture et l'aménagement intérieur en fait le protagoniste idéal de la première monographie de cette nouvelle collection.

Dans chacun de ses travaux (des habitations privées, quelques bureaux, une étude notariale, un salon de coiffure, plusieurs boutiques, ...), on retrouve une sérénité raffinée, un langage formel épuré, d'une sobriété poussée à l'extrême, et pourtant très riche.

In deze nieuwe *A&D* (Architectuur en Design) *Series* worden de nauwe banden tussen hedendaagse architectuur, interieurontwerp en woondesign geëxploreerd.

Dit leidmotief wordt belicht aan de hand van boeiende monografieën van toonaangevende architecten, interieurarchitecten en designbureau's, maar ook van verschillende themagebonden publicaties.
Zowel privé-woningen, publieke realisaties, kantoorgebouwen als winkelprojecten komen hierbij aan bod.

Het eerste volume in deze nieuwe reeks is volledig gewijd aan het werk van architect *Pascal van der Kelen* (°1963).
Meteen na zijn studies startte hij zijn eigen architectenbureau, waarmee hij aanvankelijk vaak samenwerkte met gerenommeerde Belgische architectenkantoren.
De voortdurende wisselwerking bij *van der Kelen* tussen architectuurontwerp en interieurinrichting maakt van hem de ideale persoon voor een eerste monografie in deze nieuwe reeks.

Al zijn ontwerpen (vele privé-woningen, maar ook enkele kantoren, een notariaat, een kapsalon, verschillende boetieks, ...) worden gekenmerkt door een geraffineerde sereniteit en een zuivere, uiterst sobere en toch rijke vormentaal.

CONTENTS

SOMMAIRE

INHOUD

This book contains a limited selection of the work of *Pascal van der Kelen*, created over the past twenty years. It certainly does not encompass his entire oeuvre. Some of his projects have not been included here, but have often been discussed in other *Beta-Plus* publications. The national and international press have also paid a lot of attention to the designs that are not featured here (*see Bibliography, p. 196-197*). During the printing of this book (July/August 2006), various other projects were completed and the list of commissions is expanding ever more rapidly.

Pascal van der Kelen set up his own architectural practice immediately after completing his studies.
For the first few years, his commissions were carried out in collaboration with various well-known architectural practices in Belgium.
His additional interest in interior design prompted him to work on projects of this kind as well. The bulk of his projects are now total designs, where the architect is entrusted with the architecture, the interior and sometimes the design of the garden as well.

Pascal van der Kelen sees architecture as a continuous thought process that is tested against reality with every new project. Every design involves the application of the right degree of professional familiarity.

The architecture consists of large, closed volumes created in one material, occasionally perforated by very carefully situated openings that form a strong contrast with the glass walls used throughout the property. The inner courtyards are

Cet ouvrage ne présente qu'une sélection des projets réalisés ces vingt dernières années par l'architecte *Pascal van der Kelen* et n'aborde donc pas son œuvre complète. Plusieurs grands projets ne figurent pas dans cet ouvrage, même s'il y est souvent fait allusion dans d'autres ouvrages des *Editions Beta-Plus*. La presse nationale et internationale ont également accordé une grande attention aux projets qui n'ont pas pu faire l'objet de ce livre (*voir Bibliographie p. 196-197*). Pendant la mise sous presse, plusieurs travaux ont fait l'objet d'une réception et la liste des commandes n'a cessé de s'allonger.

Dès la fin de ses études, *Pascal van der Kelen* a créé son bureau d'études. Les premières années, il s'est partagé entre ses missions et sa collaboration avec divers bureaux d'architecture belges réputés. Son intérêt pour l'architecture d'intérieur l'a conduit à réaliser des projets dans ce domaine. La majorité des commandes confiées à l'architecte consistent en des projets complets, englobant tant l'architecture que la décoration, voire même parfois la création de jardins.

Pascal van der Kelen considère d'ailleurs l'architecture comme un processus mental constant qui, pour chaque mission, se laisse confronter à la réalité. Chaque projet est porteur d'un élément d'intimité professionnelle.

L'architecture se traduit par de vastes volumes clos réalisés dans un matériau unique, à peine interrompu par des ouvertures pratiquées avec beaucoup de recherche, contrastant nettement avec la continuité des parois vitrées. Des cours intérieures agissent comme coupures profondes, autour desquelles les pièces se rassemblent. Certaines parties de l'habitat sont largement tournées vers l'intérieur,

Dit boek bevat een beperkte selectie van het werk van *Pascal van der Kelen*, gerealiseerd in de voorbije twintig jaar. Het omvat dus zeker niet het ganse oeuvre. Enkele realisaties werden niet opgenomen maar werden al vaker besproken in andere *Beta-Plus* uitgaven. Ook de nationale en internationale pers schonk heel wat aandacht aan de ontwerpen die hier niet werden gepubliceerd (*zie Bibliografie p. 196-197*). Tijdens de druk van dit boek (juli / augustus 2006) worden verschillende projecten opgeleverd en wordt de lijst van opdrachten steeds sneller aangevuld.

Onmiddellijk na zijn studies richtte *Pascal van der Kelen* zijn eigen kantoor op. De eerste jaren verliepen de opdrachten in samenwerking met gerenommeerde Belgische architectenkantoren.
Zijn bijkomende interesse voor de interieurinrichting laat hem nu toe om dergelijke projecten te realiseren. Het gros van de projecten bestaat dan ook uit totaalconcepten waar zowel de architectuur, de inrichting en soms het tuinontwerp aan de architect worden toevertrouwd.

Pascal van der Kelen ziet dan ook architectuur als een constant denkproces dat bij elke opdracht aan de realiteit getoetst wordt. Elk ontwerp impliceert het vrijgeven van een deel van een professionele intimiteit.

De architectuur bestaat uit grote gesloten volumes uitgevoerd in één materiaal, amper doorbroken met uiterst nauwkeurig geplaatste openingen, in sterk contrast met doorlopende glaswanden. Binnenkoeren als diepe uitsnijdingen waarrond de ruimtes gegroepeerd liggen. Sommige delen van de woning zijn sterk naar binnen

deep excisions around which the rooms are grouped. Some parts of the house are directed inwards towards these courtyards, creating a kind of "interior world". Other parts, with their precisely cut glass sections or complete glass surfaces, focus outwards on the surroundings.

Some projects are constructed from simple, serene volumes. Others play with contrasts in volume, with staggered window sections, ceiling heights and recesses.

Long walls, placed at right angles, have been introduced into the spaces. The breadth of the passageways between these perpendicular walls creates different tensions between the adjoining rooms, depending on the function of the spaces. The flow between the various spaces has been designed so as to guarantee that the exteriors are always understood as a whole and the houses are perceived in their full length and breadth.

A circuit is established throughout the volumes. Each space contains an indication of the existence of a following space. The fireplace, the natural resting point, is often located at the end of this circuit.

Highly symmetrical designs are often used. Both the views and the architectural elements appear to be reflected around an axis in both directions. The twin aspect is strikingly obvious.

The floor and wall treatments are often created with the same materials throughout. Particular spaces are sometimes marked out by the deliberate use of a different material. This isolates them within the design, often as a place for relaxation.

The furniture always has an architectural quality, and is in keeping with the dimensions of the spaces. It enters into a dialogue with the walls or the floor and ceiling. The architecture and the furniture form an indivisible whole.

The use of colour is discreet and remains in the background, subordinate to the architectural space. Sometimes it has a contrastive function, in order to emphasise an architectural element.

autour de ces cours, habitées d'une sorte de "vie intérieure". D'autres pièces se concentrent sur l'environnement, à travers des champs vitrés très découpés ou des éléments entièrement vitrés.

Certains projets se composent de volumes simples et sereins. D'autres jouent sur les contrastes entre les volumes, le décalage des ouvertures, les hauteurs de plafond et les encoches.

Les pièces sont dotées de longs murs perpendiculaires. Suivant la largeur des passages entre ces murs verticaux, des effets de tension se créent entre les pièces contiguës, en fonction de leur solidarité fonctionnelle. Les passages entre les différents espaces sont conçus de manière à permettre à tout moment la lecture complète des façades et de considérer les habitations de long en large.

Un circuit balisé est établi à travers les volumes. Dans chaque pièce, on trouve une trace de l'existence présumée d'un espace attenant. Élément refuge, le feu ouvert fait souvent office de dernière étape.

Les concepts sont souvent très symétriques. Tant les perspectives que les éléments architecturaux semblent se refléter dans les deux directions autour d'un axe. L'aspect de jumelage s'impose.

Les revêtements de sols et finitions murales sont souvent réalisés dans un matériau unique, à l'exception de certaines pièces délibérément jalonnées par un autre matériau. Elles s'isolent alors dans le projet, la plupart du temps comme réfuge.

Le mobilier est toujours architectural. Il adopte à chaque fois le gabarit de la pièce qu'il garnit, s'inscrivant entre murs ou sol et plafond. Un dialogue s'ensuit entre ces deux éléments qui ne sont rien l'un sans l'autre.

Le choix des couleurs reste discret et s'efface à l'arrière-plan, au bénéfice de l'espace architectural. On trouve parfois un contraste qui vient accentuer l'élément architectural.

gekeerd rond die binnenplaatsen, waardoor een soort "binnenwereld" ontstaat. Andere delen focussen via scherp uitgesneden glasvlakken of ganse glaspartijen op de omgeving.

Sommige projecten zijn opgebouwd uit eenvoudige, serene volumes. Andere spelen met volumecontrasten, verspringingen in de raamopeningen, plafondhoogtes en inkepingen.

Orthogonaal geplaatste, lange wanden worden ingebracht in de ruimtes. Naargelang de breedtes van de doorgangen tussen deze loodrecht geplaatste muren ontstaan er - afhankelijk van hun functionele verbondenheid - verschillende spanningen tussen de belendende ruimtes. De doorgangen tussen de verschillende ruimtes worden zodanig ingeplant dat de volledige lectuur van de gevels steeds gegarandeerd wordt en dat men de woningen in hun volledige lengte en breedte kan percipiëren.

Doorheen de volumes wordt een circuit opgelegd. In elke ruimte wordt er een vermoeden geschapen van het bestaan van een aanpalende ruimte. Het rustpunt, de haard, wordt vaak als eindpunt geplaatst.

Sterk symmetrische concepten worden vaak toegepast. Zowel de zichten als de architecturale elementen lijken zich in beide richtingen te spiegelen rond een as. Het tweelingaspect dringt zich op.

Vloer- en wandafwerkingen zijn vaak uitgevoerd in één doorlopend materiaalgebruik. Soms zijn bepaalde ruimtes bewust afgebakend door een ander materiaal. Hierdoor isoleren ze zich in het ontwerp, vaak als rustpunt.

Het meubilair is steeds architecturaal en volgt de maatvoering van de ruimtes. Het treedt in dialoog met muren of vloer en plafond. Beiden kunnen niet zonder elkaar.

Het kleurgebruik is discreet en blijft op de achtergrond ten dienste van de architecturale ruimte. Soms contrasteert het om een architecturaal element te benadrukken.

COMMERCIAL
SPACES & OFFICES

ESPACES COMMERCIAUX & BUREAUX

COMMERCIËLE RUIMTEN & KANTOREN

A retail concept encompassing ladies' and mens' clothing departments. The initial commission saw two commercial premises being combined into one shop. Natural stone and white plastered walls have been used for the finish. A children's department has been constructed in exposed concrete in the annexed premises. The gentlemen's shop is accommodated a few metres down the street, also in two adjacent properties. In order to create more light, several double-height spaces have been incorporated into the length of the properties.

Il s'agissait de développer un concept de magasin en agrandissant une surface existante. Dans un premier temps, deux espaces ont été transformés en un magasin unique. Une des boutiques abrite aujourd'hui la collection femme. Pour la finition, on a opté pour la pierre naturelle et des murs plâtrés blancs. Dans la partie incorporée, on a créé un magasin pour les jeunes et béton apparent. Quelques mètres plus loin se trouve le magasin pour hommes, occupant lui aussi deux espaces mitoyens. Pour attirer la lumière, plusieurs espaces à surélevés ont été réalisés dans les espaces plus profonds.

Een globaal winkelconcept met dames- en herenafdeling. Tijdens een eerste opdracht werden er twee winkelpanden samengevoegd. In de afwerking werd gebruik gemaakt van natuursteen en wit gepleisterde wanden. In het ingelijfde pand werd een jeugdwinkel ontworpen in zichtbeton. Enkele meters verder werd de herenwinkel ondergebracht, eveneens in twee aanpalende panden. Meerdere dubbelhoge ruimtes zorgen voor lichtinval in de diepe panden.

Natural stone has been used throughout for the floor. All of the changing rooms have been grouped along one long corridor that can be reached on all sides from the shop. Dark walls were chosen for this space, in order to emphasise the tunnel effect. Mirrored walls duplicate the space.

Le sol a été revêtu de pierre naturelle. Les cabines d'essayage ont été regroupées le long d'une profonde allée dotée de quatre accès et de murs aux tons foncés, qui accentuent l'effet "tunnel". Des murs recouverts de miroirs doublent l'espace.

Voor de vloer werd doorlopend natuursteen gebruikt. Alle paskamers werden gegroepeerd langs één diepe gang die langs vier zijden vanuit de winkel te bereiken is. Deze werd bewust in donkere wanden afgewerkt wat een tunneleffect benadrukt. Spiegelwanden zorgen voor verdubbelingen van de ruimtes.

Several double-height spaces have also been used in the gentlemen's department, so that light can flow all the way through into the depth of the shop.
Different materials were selected for the more classic section of the shop.

Dans le rayon hommes également, les plafonds ont été surélevés à plusieurs endroits pour permettre à la lumière de pénétrer. Un espace plus classique a été aménagé, en utilisant des matériaux différents.

Ook in de herenafdeling werd meermaals gebruik gemaakt van dubbelhoge ruimtes die het licht diep laten doorstromen. In de klassiekere afdeling werd bewust gekozen voor andere materialen.

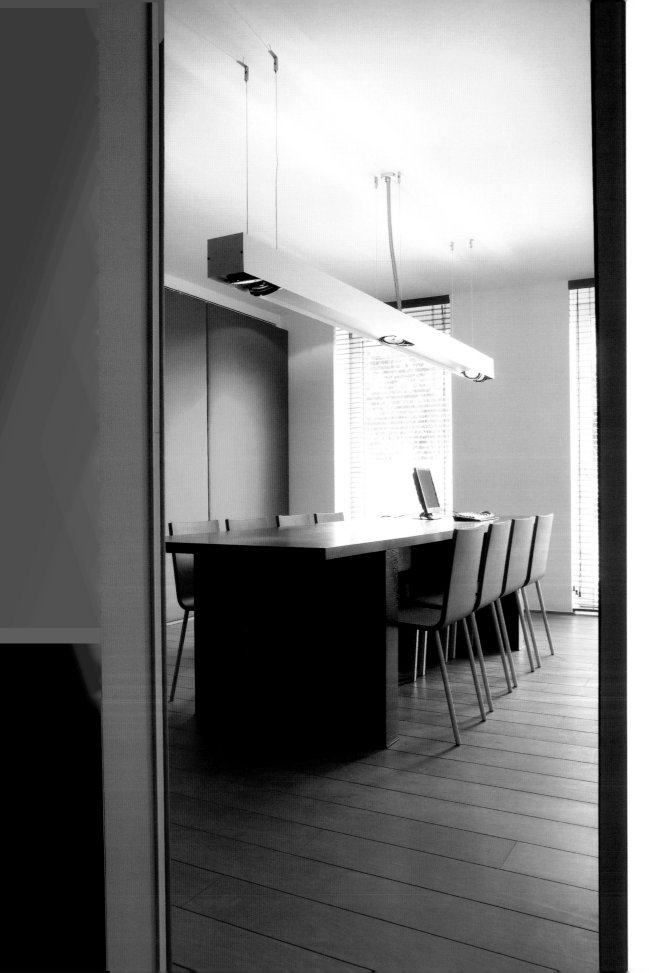

Pascal van der Kelen refurbished the reception rooms in this notary's practice.

Pascal van der Kelen a transformé et réaménagé les pièces de réception d'une étude notariale.

De ontvangstruimtes van een notariaat werden door *Pascal van der Kelen* verbouwd en heringericht.

Some of the walls in the document room have been fully clad in wool.
The result: a great improvement in the acoustics of this distinctive office environment.

Dans la salle des actes, certains murs ont été lambrissés avec des panneaux de laine de la hauteur des murs.
Cela a permis de renforcer l'isolation acoustique, tout en offrant à la pièce l'identité qui lui manquait.

In de aktenzaal werden enkele wanden volledig met wol bekleed.
Resultaat: een sterk verbeterde akoestiek in een karaktervolle kantooromgeving.

The wall between the entrance and the waiting room has been demolished. The use of a wooden floor throughout also creates more of a sense of space.

The seats in the waiting room, inspired by Gothic choir stalls, have been fitted along all of the walls in the waiting room as half-height panelling.

La démolition du mur séparant l'entrée et la salle d'attente ainsi que l'utilisation de planchers en bois sur l'ensemble du sol ont permis de réaménager l'espace.

Des banquettes d'attente inspirées des stalles gothiques ont été disposées le long de chaque mur, se présentant ainsi comme des lambris à mi-hauteur.

De muur tussen de inkom en de wachtzaal werd weggebroken. Ook de keuze voor een doorlopende houten vloer creëert extra ruimtelijkheid. Wachtbanken geïnspireerd op gotische koorbanken werden langs alle muren van de wachtruimte geplaatst als halfhoge lambriseringen.

This hairdressing salon is reached via a long corridor.

On accède à l'arrière de ce salon de coiffure via un long couloir.

Via een lange gang betreedt men de achterliggende ruimte van dit kapsalon.

Two functions are clearly distinguished in the existing space.
In the dark section at the front of the room, the walls and the ceiling have been panelled with dark-tinted wood. This section accommodates the reception and the waiting area.
In the light section at the back, where the hairdressers work, the walls have been clad with ceiling-height linen panels for acoustic reasons.

Dans les espaces existants, on a établi une distinction nette entre deux fonctions. Dans la partie avant plus sombre, les murs et le plafond ont été recouverts de lambris en bois foncé. La pièce abrite la salle d'attente et la réception. Dans la pièce plus claire du fond, réservée aux soins, les murs ont été lambrissés pour offrir une meilleure isolation accoustique à hauteur de plafond avec des panneaux recouverts lin.

In de bestaande ruimte werden twee functies duidelijk onderscheiden.
In het voorste, donkere deel van de ruimte werden zowel de wanden als het plafond gelambriseerd in donkergetint hout. Hier zijn het ontvangst- en wachtgedeelte ondergebracht.
In het achterliggende, lichte deel waar de haarverzorging gebeurt, werden de wanden om akoestische redenen gelambriseerd in plafondhoog paneelwerk bekleed met linnen.

The hairdressers work around one large table specially designed by the architect, with mirrors that fold out like laptop screens. The keyboard is replaced by enamelled glass in various colours, designed to indicate the different seats.

Les soins sont réalisés autour d'une grande table dessinée par l'architecte, dont les miroirs s'ouvrent à souhait, comme des ordinateurs portables. Le clavier est remplacé par un verre émaillé de différentes nuances permettant de délimiter les places.

De verzorging gebeurt rond één grote, door de architect ontworpen tafel waar de spiegels zoals het scherm van een draagbare computer kunnen openklappen. Het klavier is hier vervangen door geëmailleerd glas in verschillende kleuren om de zitplaatsen te markeren.

The dark reception and waiting area can clearly be distinguished from the light treatment area. Polyurethane floor throughout.

Vue sur l'espace ouvert avec distinction nette entre la réception et la salle d'attente, plus feutrées, et l'espace de soins, plus lumineux. Sol en polyuréthane dans tout le salon.

De donkere ontvangst- en wachtruimte is duidelijk van de lichte verzorgingsruimte te onderscheiden. Doorlopende vloer in polyurethaan.

The entrance hall with the customer toilet and a view of the treatment area, with the large mirrors visually doubling the space.

Hall d'entrée avec wc et vue d'ensemble sur les différents espaces de soins. Les grands miroirs rehaussent l'effet optique d'espace.

De inkomhall met gastentoilet en een doorzicht op de verschillende verzorgingsruimtes, optisch verdubbeld door grote spiegels.

Pascal van der Kelen has refurbished a number of branch banks.

Pendant plusieurs années, *Pascal van der Kelen* a transformé et aménagé des succursales d'agences bancaires.

Pascal van der Kelen verbouwde meerdere bankkantoren.

The page on the left shows a branch bank in Lier: a view of the corridor connecting the various reception offices. The white carpet and the plastered walls provide a great contrast with the dark-tinted walls and the sheets of glass.
On this page is a bank in Beerse: a view from the corridor that connects the reception offices. Glass walls and sliding doors screen off the rooms and ensure privacy. Contrast between the abstract treatment of the space and the bleached-wood furniture.

Page de gauche, succursale de Lier : vue sur le couloir qui relie les différents bureaux d'accueil. Le tapis blanc et les murs en plâtre offrent un contraste net avec les murs en bois foncé et vitrés.
Page de droite, succursale de Beerse : vue sur le couloir qui relie les différents bureaux d'accueil. Les murs vitrés et les portes coulissantes préservent l'intimité des pièces. Contraste entre la spacialité abstraite du mobilier de rangement et le bois blanchi.

Op de linkerpagina een filiaal te Lier: zicht op de gang die de verschillende ontvangstkantoren verbindt. Het witte tapijt en de gepleisterde wanden staan in sterk contrast met de wanden in donkergetint hout en glazen wanden.
Op deze pagina een filiaal in Beerse: doorkijk vanuit de gang die de verschillende ontvangstkantoren verbindt. Glazen wanden en schuifdeuren schermen de ruimtes af en bieden privacy. In contrast met de abstracte ruimtebehandeling is het meubilair in gebleekt hout.

PRIVATE RESIDENCES

RESIDENCES PRIVEES

PRIVE-WONINGEN

p. 32-39
Architect *Pascal van der Kelen* was commissioned to fit out the downstairs reception rooms and the parents' upstairs bathroom in this house to the south of Brussels.

L'architecte *Pascal van der Kelen* a été chargé d'aménager les pièces de réception au rez-de-chaussée et la salle de bains des parents à l'étage d'une maison située au sud de Bruxelles.

Architect *Pascal van der Kelen* kreeg de opdracht om de ontvangstruimtes beneden en de ouderlijke badkamer op de verdieping van een woning ten zuiden van Brussel in te richten.

On the ground floor, natural stone flooring was laid throughout all of the rooms.

Au rez-de-chaussée, toutes les pièces ont été revêtues de pierre naturelle.

Op de benedenverdieping werden alle ruimten doorlopend met natuursteen bevloerd.

All of the walls were painted and museum lighting was installed. The dark wall emphasises the right angles of the circulation spaces.

Tous les murs ont été peints et un éclairage de musée a été installé. Le mur plus sombre accentue le caractère orthogonal de la circulation.

Alle wanden werden geschilderd en er werd een museale verlichting aangebracht. De donkere wand benadrukt het orthogonale karakter van de circulatie.

A shower room was designed for the first floor, using natural stone and glass walls. Natural stone was also used for the furnishings, which is architectural in character and in keeping with the proportions of the room.

À l'étage, une cabine de douche réalisée en pierre naturelle et munie de portes vitrées. La même pierre a été choisie pour le mobilier au caractère architectural qui se fond dans les espaces réalisés sur mesure.

Op de bovenverdieping werd een douchekamer ontworpen in natuursteen en glazen wanden. De natuursteen werd tevens toegepast voor het meubilair dat architecturaal is en de maatvoering van de ruimtes aanneemt.

p. 40-43

This house has two clearly distinguishable sections. The front part of the house has a ground floor and an upper floor and is constructed of load-bearing brick walls. The part at the rear contains only the ground-floor living room. Two concrete columns support the roof, from which the stone-clad exterior walls are suspended. A double-height space that serves as the entrance to the house has been installed between the two sections.

L'habitation est dotée de deux parties qui devaient faire l'objet d'une nette distinction. La partie située à l'avant comprend un rez-de-chaussée et un étage et est dotée de murs porteurs en maçonnerie. La partie située à l'arrière ne comporte qu'un living, au rez-de-chaussée. Deux colonnes en béton y supportent le toit auquel sont accrochées les façades extérieures en pierres naturelles. À l'intérieur, un hall d'entrée à double hauteur a été aménagé entre les deux parties.

Deze woning heeft twee duidelijk te onderscheiden delen. Het voorste deel van de woning heeft een gelijkvloerse en bovenverdieping, opgebouwd uit dragende wanden in metselwerk. Het achterliggende deel huisvest enkel de leefruimte op het gelijkvloers. Hier dragen twee betonnen kolommen het dak waaraan de buitengevels zijn opgehangen. Binnen werd tussen de twee delen een dubbelhoge ruimte geplaatst waarlangs men de woning betreedt.

p. 44-49

This project is Roman in inspiration: the house is almost completely oriented inwards. The ground-floor building has a U-shaped plan, to which a garden wall, also U-shaped, has been joined. This creates a completely enclosed inner garden with a simple layout, in contrast with the garden outside of the wall, whose planting design fits in with the surroundings. All of the exterior walls have been done in broken white plasterwork. The windows are all ceiling height. Passageways through the spaces have been arranged in such a way that the circulation occurs along the glass exterior wall around the inner garden. This also ensures that the house can be perceived as a whole.

Ce projet s'inspire d'une habitation romaine: la maison est presque entièrement tournée vers l'intérieur. Le corps de cet habitat de plein pied en U est entouré par le mur du jardin en U, ce qui a permis la création d'un jardin intérieur entièrement isolé qui présente un contraste saisissant avec le jardin hors les murs, dont les plantations s'intègrent dans l'environnement. Toutes les façades ont été réalisées en plâtre blanc cassé. Toutes les fenêtres sont à hauteur de plafond. Les couloirs entre les pièces sont disposés de façon à permettre la circulation le long des murs vitrés des façades entourant le jardin intérieur et à en assurer une lecture complète.

Dit project is Romeins geïnspireerd: de woning is quasi volledig naar binnen gekeerd. Het gelijkvloerse gebouw heeft een U-vormig grondplan waarop een eveneens U-vormige tuinmuur werd aangesloten. Hierdoor ontstaat een volledig afgesloten, strak aangelegde binnentuin, in contrast met de tuin buiten de ommuring die met haar beplanting aansluit bij de omgeving. Alle gevels werden in gebroken wit pleisterwerk uitgevoerd. Alle ramen zijn plafondhoog. Doorgangen tussen de ruimtes werden zodanig ingeplant dat de circulatie gebeurt langs de glazen gevelwand rond de binnentuin. Dit garandeert ook de volledige lectuur ervan.

View of the inner garden. The pond has been installed as a linear element directly opposite the entrance door. This reinforces the view from the entrance to the inner garden.

Vue sur le jardin intérieur. L'espace aquatique forme une sorte d'élément linéaire situé juste en face de la porte d'entrée. On obtient ainsi une meilleure perspective depuis l'entrée sur le jardin intérieur.

Zicht op de binnentuin. De waterpartij is als een lineair element recht tegenover de inkomdeur geplaatst. Dit biedt een versterkt perspectief vanuit de inkom naar de binnentuin.

The inner garden seen from the living room. A simpler design was chosen here to contrast with the garden behind the wall.

Vue depuis le séjour sur le jardin intérieur. On a opté ici pour un contraste avec le jardin derrière le mur, afin de créer un concept plus tranchant.

Zicht vanuit de woonkamer op de binnentuin. Hier werd in contrast met de tuin achter de tuinmuur gekozen voor een strakker concept.

View of the bathroom.

Vue sur la salle de bains.

Zicht op de badkamer.

Two views through to the kitchen and covered terrace.

Deux vues sur la cuisine et sa terrasse couverte.

Twee doorkijken naar de keuken met overdekt terras.

p. 50-53

This project consisted of making necessary changes to this 1970s house. All of the walls and ceilings in the house have been painted and museum lighting has been installed throughout.

L'objectif consistait à intervenir de manière ponctuelle dans cette maison datant des années 1970. Tous les murs et plafonds ont été peints et chaque espace a été équipé d'un éclairage de musée.

De opdracht bestond erin om in een woning uit de zeventiger jaren punctuele interventies te doen. In de ganse woning werden alle wanden en plafonds geschilderd en alle ruimtes voorzien van een museale verlichting.

All of the seating has been adapted and reupholstered. A low shelving unit was created in dark-tinted wood following the architect's designs.

Les fauteuils ont été actualisés et regarnis. Une bibliothèque basse a été réalisée en bois foncé sur base des croquis de l'architecte.

Alle zitmeubilair werd aangepast en opnieuw bekleed. Een laag bibliotheekmeubel werd naar tekeningen van de architect uitgevoerd in donkergetint hout.

The dining room has undergone a dramatic transformation. All superfluous architectural details have been removed. A highly symmetrical design has been implemented, emphasised by the central position of the table in contrasting dark-tinted wood.

La salle à manger a fait l'objet d'une intervention plus radicale. Tous les détails architecturaux superflus ont été supprimés. Un concept très symétrique a servi de base au projet, accentué par la position centrale et le contraste de la table en bois foncé.

De eetkamer werd op ingrijpender wijze getransformeerd. Alle overbodige architecturale details werden verwijderd. Een sterk symmetrisch concept werd doorgevoerd, benadrukt door de centrale positie van de tafel in contrasterend donkergetint hout.

One of the many bedrooms was designed alongside the garden as a guestroom. A glass screen creates a sense of space and can be used to separate the bedroom and bathroom, if so desired. The dressing closet has been installed on a shelf connecting the two rooms. Walls of silvered and enamelled glass contrast with the warm hardwood.

Une des nombreuses chambres à coucher a été "intégrée" au jardin : la chambre d'amis. Un mur vitré permet de l'isoler ou de le relier à la chambre et à la salle de bains. L'impression d'espace est ainsi renforcée. Dans la même optique, le dressing se situe au-dessus d'un espace linéaire continu qui relie les pièces. Les murs en verre dépoli et émaillé se succèdent et forment un contraste avec la châleur du bois dur.

Eén van de vele slaapkamers werd ontworpen bij de tuin: de zgn. gastenkamer. Via een optisch verruimende glazen wand kunnen de slaapkamer en badkamer van elkaar afgesloten of met elkaar verbonden worden. De dressing werd geplaatst op een doorlopend schap dat beide kamers verbindt. Wanden in verkwikt en geëmailleerd glas contrasteren met het warme hardhout.

p. 54-59

The house consists of a U-shaped ground floor with an inner courtyard that brings the evening sun into the living area. The L-shaped upper floor is smaller.

The volumes of the house are clearly visible at the rear of the property. The inner courtyard is situated between the two-storey L-shaped block and the lower volume behind, which contains the kitchen and the living area. The living room looks out onto the inner courtyard and the garden behind. Dark/light contrasts both outside (the grey-brown brick and the white-plastered inner courtyard) and inside (dark polyurethane floors and white walls).

Le rez-de-chaussée en U permet à la maison de disposer d'une cour intérieure qui apporte la lumière du crépuscule dans le living. L'étage, en L, est par conséquent moins profond que le rez-de-chaussée.

De la façade arrière, les volumes de la maison sont bien visibles. La cour intérieure sépare les deux étages de bâtisse en L et l'espace du rez-de-chaussée arrière qui abrite le living et la cuisine. Cette cour laisse entrer la lumière du crépuscule dans le living, duquel on aperçoit aussi bien la cour intérieure que le jardin arrière.

De woning is opgebouwd uit een U-vormige gelijkvloerse verdieping met een binnenkoer die avondzon in de leefruimte brengt. De L-vormige bovenverdieping is minder diep.

De achtergevel toont duidelijk de volumes van de woning. Tussen het L-vormig bouwblok over de twee verdiepingen en het achterliggende lage volume met keuken en leefruimte zit de binnenkoer gevat. De leefruimte kijkt uit op de binnenkoer én de achterliggende tuin. Donker/licht-contrasten zowel buiten (de grijsbruine baksteen en de witgepleisterde binnenkoer) als binnen (donkergetinte polyurethaan vloeren en witte wanden).

The kitchen-cum-dining area is in white lacquer work and dark-tinted wood. White resin work surface.

La cuisine à vivre, réalisée en bois foncé laqué blanc. Plan de travail en résine blanche.

De leefkeuken is gerealiseerd in wit lakwerk en donkergetint hout. Tablet in wit kunsthars.

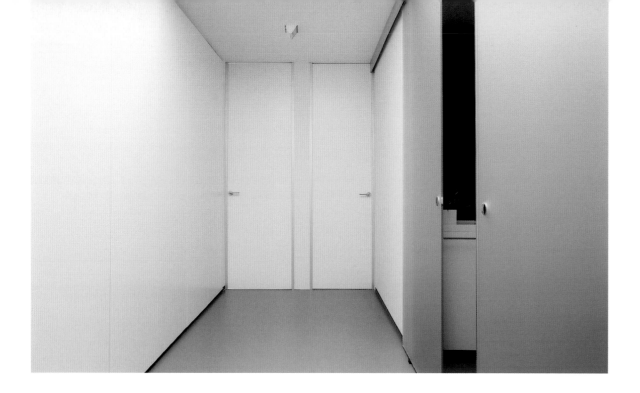

View of the upstairs corridor with the dressing closet for the children's rooms. A skylight provides light from above through the glass walls of the adjoining bathroom. This part of the upper floor is symmetrically constructed: all of the doors, sliding glass screens and washbasins seem to reflect around an axis in both directions.

Vue sur le hall de nuit, qui comprend le dressing des chambres d'enfants. Un dôme vitré capte la lumière du zénith et la transmet à travers les vitres à la salle de bains attenante. Pour cette partie de l'étage, on a opté pour un concept très symétrique. Tout semble se refléter dans les deux sens autour d'un axe.

Zicht op de nachthal met de dressing van de kinderkamers. Een lichtkoepel biedt hemellicht door de glazen wanden van de aanpalende badkamer. Dit deel van de bovenverdieping is sterk symmetrisch opgebouwd: alle deuren, glazen schuifwanden en wastafels lijken zich in beide richtingen te spiegelen rond een as.

p. 60-67

In this project, the challenge for *Pascal van der Kelen* consisted of refurbishing a house from the 1970s. All the walls of the double-height stairway were demolished and glass was installed instead. The skylight was also replaced. This allows natural light to flow through the whole house. The concrete ceiling was bleached and the exposed brick walls were plastered. A cement-mortar floor was cast throughout. The new staircase and landing were built in concrete and mass-coloured panelling.

Pascal van der Kelen a eu la mission de transformer et d'aménager une habitation des années 1970. Dans la cage d'escalier à haut plafond, tous les murs de l'étage ont été supprimés et vitrés. Le dôme a été remplacé, pour laisser pénétrer la lumière du jour dans toute la maison. Le plafond original en béton a été décoloré. Les murs en maçonnerie apparente ont été plâtrés. Tous les sols ont été recouverts d'une chape en ciment. Le nouvel escalier et le palier ont été réalisés en béton et en lambris teinté dans la masse.

De uitdaging voor *Pascal van der Kelen* bestond hier in de verbouwing en herinrichting van een woning uit de jaren 1970. In de bestaande, dubbelhoge traphal werden alle wanden op de verdieping weggebroken en vervangen door glas. De koepel werd vervangen. Hierdoor stroomt natuurlijk licht door de ganse woning. Het betonnen plafond werd gebleekt, wanden in zichtbaar metselwerk werden gepleisterd. Over de ganse oppervlakte werd een cementgebonden vloer gegoten. De nieuwe trap en bordes werden uitgevoerd in beton en in de massa gekleurd paneelwerk.

The stairway is on the ground floor between the entrance, the cloakroom and living room on one side, and the dining room and kitchen on the other. An open space extends upstairs, where it runs between the bedroom/dressing room and the office and bathroom.

Vue sur la cage d'escalier. L'espace aux plafonds hauts crée une séparation entre d'une part l'entrée, le vestiaire et le living situés au rez-de-chaussée et de l'autre la salle à manger et la cuisine. À l'étage, un espace haut sépare la chambre avec dressing du bureau avec salle de bains.

De traphal bevindt zich gelijkvloers tussen enerzijds de inkom, de vestiare en leefruimte en anderzijds de eetkamer, keuken. Op de verdieping zit de hoge ruimte tussen de slaapkamer met dressing en het bureau met badkamer.

The open fireplace and base are made of grey lavastone.

Le feu ouvert et sa console ont été réalisés en pierre de lave grise.

De open haard en het sokkelmeubel werden gerealiseerd in grijze lavasteen.

Views alongside the open space upstairs: the dressing room seen from the bedroom and a view of the bedroom from the office, seen across the open space.

Vue en longueur de l'espace en hauteur bordé depuis la chambre à coucher sur le dressing. Vue plongée depuis le bureau sur la chambre à coucher.

Zichten langs de hoge ruimte vanuit de slaapkamer naar de dressing en vanuit het bureau dwars door de *vide* naar de slaapkamer.

View of the office from the bedroom. The spaces
are always visually connected.

Vue depuis la chambre à coucher sur le bureau.
Les pièces conservent toujours un contact visuel
entre elles.

Doorkijk vanuit de slaapkamer naar het bureau.
De ruimtes staan steeds visueel met elkaar in
verbinding.

The bathroom and dressing room are separated from each other by sandblasted glass. They are positioned on either side of the open space running through the house. The glass screens allow in natural light from above.

La salle de bains et le dressing sont séparés par du verre sablé. Grâce à leur position de part et d'autre du vide, ces deux pièces jouissent de la lumière du jour qui pénètre à travers les murs vitrés.

De badkamer en dressingruimte zijn van elkaar gescheiden door gezandstraald glas. Ze liggen rechts en links van de *vide* en genieten via deze glazen wanden van het hemelllicht.

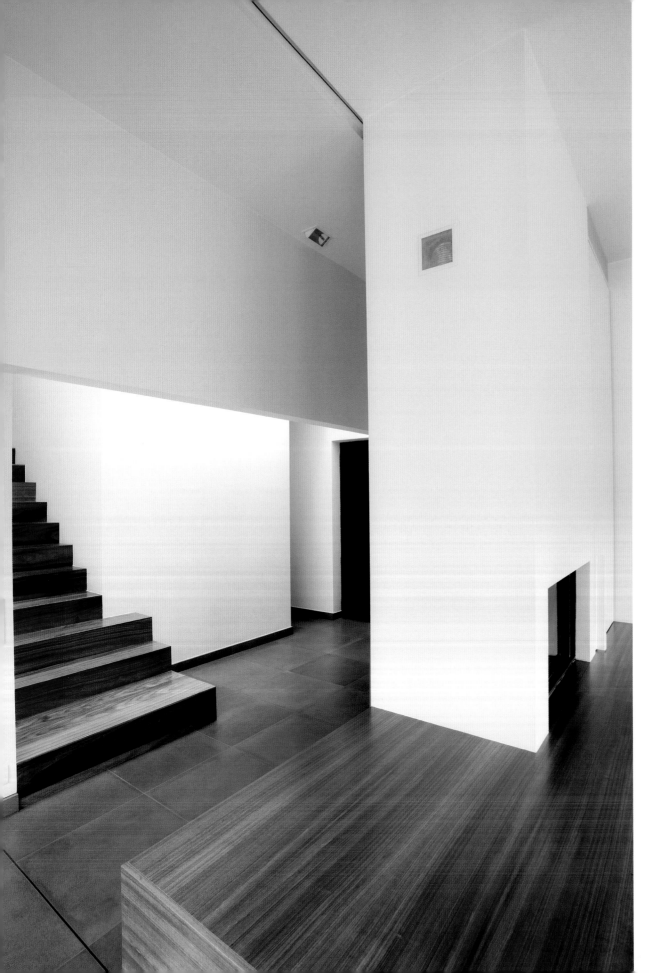

p. 68-73

This house is built on a T-shaped ground floor, creating two courtyard areas: one by the front garden, along which the living room, dining room and kitchen are situated, and one by the back garden, where the dining room and kitchen both enjoy views of the garden. The upper floor is L-shaped and lies to the rear of the ground-floor storey. This allowed the living-room section, which does not support another floor, to be made higher. A double-height entrance space was created between these two zones.

Le rez-de-chaussée en T permet à cette maison de disposer de deux cours intérieures : l'une à l'avant, bordée par le living, la salle à manger et la cuisine et l'autre à l'arrière, d'où l'on a vue sur le jardin depuis la salle à manger et la cuisine. L'étage en L se situe en recul par rapport au rez-de-chaussée, ce qui a permis d'augmenter la hauteur du living dépourvu d'étage. Ces deux zones sont séparées par un hall d'entrée à haut plafond.

Deze woning is opgebouwd uit een T-vormige gelijkvloerse verdieping. Hierdoor ontstaan er twee binnenplaatsen: één aan de voortuin waarlangs de living, eetkamer en keuken aansluiten en één aan de achtertuin waar men vanuit de eetkamer en keuken zicht heeft op de tuin. De bovenverdieping is L-vormig en ligt aan de achterzijde van het gelijkvloers. Hierdoor kon het leefvolume waarop geen verdieping rust, hoger gemaakt worden. Tussen deze twee zones kwam een dubbelhoge inkomruimte.

View from the entrance door. The double-height entrance space is situated between the living room to the left, with its higher ceiling, and the two-storey block to the right. In the background is one of the courtyards. The stairs to the right lead up to the office, which has been opened up onto the staircase. Light from above creates deep contrasts between the entrance hall and the living room.

Vue depuis la porte d'entrée. L'entrée à haut plafond sépare le living à plafond surélevé à gauche, de la partie composée de deux étages à droite. Dans le fond, on aperçoit une des cours intérieures. À droite, l'escalier mène au bureau ouvert que l'on aperçoit en hauteur. La lumière du zénith apporte un grand contraste entre le hall d'entrée et le living.

Zicht vanuit de inkomdeur. De dubbelhoge inkomruimte ligt tussen de living links met hogere plafondhoogte en het bouwvolume rechts met twee verdiepingen. Op de achtergrond één van de binnenkoeren. Rechts vertrekt de trap naar het opengewerkt bureau. Hemellicht legt diepe contrasten tussen de inkomhal en living.

In contrast with the lavastone floor throughout the house, the living room, the raised plinth level and the stairs are clad with tropical padouk wood.

Le plancher du living et la console et l'escalier en padouk contrastent avec le revêtement de sol en pierre de lave que l'on retrouve partout ailleurs.

In contrast met de doorlopende bevloering in lavasteen werden de leefruimte, het sokkelmeubel en de trap met tropisch padouk hout bekleed.

Two views of the office area, which opens onto the staircase. Padouk wood contrasts with a dark polyurethane floor here as well. The space also enjoys the natural light from the stairway.

Vues sur le bureau, qui forme une continuité avec la cage d'escalier. On retrouve également un contraste entre le bois de padouk et le sol plus foncé en polyuréthane. La pièce jouit de la lumière du zénith, qui lui parvient à travers la cage d'escalier.

Twee zichten op de bureauruimte, opengewerkt met de traphal. Ook hier contrasteert padoukhout met een donkere vloer in polyurethaan. De ruimte geniet mee van het zenithaal licht vanuit de traphal.

The closed exterior wall. Just one vertical opening was
made in the entire length of the façade. This leads to the
entrance door in the inner courtyard around which the
entrance and stairway are constructed.

La façade isolée côté rue. Une seule ouverture verticale a
été pratiquée dans la très longue façade. Elle donne
accès à une cour intérieure qui abrite la porte d'entrée et
autour de laquelle se situent le hall d'entrée et la cage
d'escalier.

De gesloten straatgevel. Enkel een verticale opening
werd gemaakt in de heel lange gevel. Hierlangs kom je
op een binnenkoer waar je de inkomdeur vindt en
waarrond de inkomhall en traphall zijn opgebouwd.

p. 74-79

This house is situated in densely wooded surroundings. *Pascal van der Kelen* therefore decided to employ an L-shaped design with all trees removed from the resulting rectangle. In this space, a sunny garden was created to contrast with the remaining wooded area, where low trees were planted. The house has the same floor area upstairs and downstairs. The same natural stone runs through the downstairs reception rooms and has also been used for the furniture. Wooden flooring was chosen for the upstairs.

La maison est située dans un cadre très boisé. *Pascal van der Kelen* a conçu un plan en L où tous les arbres plantés dans le rectangle fictif ont été supprimés pour faire place à un jardin ensoleillé, contrastant avec le bois restant à l'arrière-plan, où l'on a planté des arbustes. La maison dispose de la même surface, tant au rez-de-chaussée qu'à l'étage. Dans toutes les pièces à vivre du rez-de-chaussée, le sol est en pierre naturelle. On retrouve ce matériau dans le mobilier. À l'étage, on a posé du parquet.

Deze woning is gelegen in een bosrijke omgeving. *Pascal van der Kelen* bedacht daarom een L- vormig plan waarbij in de ingeschreven rechthoek alle bomen werden verwijderd. Hier werd een zonnige tuin aangelegd in contrast met het achterliggende en blijvende bos waar geopteerd werd voor een lage bosaanplanting. De woning heeft zowel op het gelijkvloers als op de verdieping dezelfde oppervlakte. Voor de ganse woning loopt op het gelijkvloers in de ontvangstruimtes dezelfde natuursteen door, die ook toegepast werd voor het meubilair. Op de verdieping werd voor een houten bevloering gekozen.

Architectural furniture in natural stone and dark wood.

Le mobilier architectural se compose de pierre naturelle et de bois foncé.

Architecturaal meubilair uitgevoerd in natuursteen en donker hout.

From the entrance hall, the length of the two sections of the house can be seen. The dining room and living room are one way; the kitchen and garage are the other.

Depuis le hall d'entrée, on jouit d'une vue sur chaque longueur des deux ailes de la maison. L'une mène à la salle à manger et au living ; la seconde à la cuisine et au garage.

Vanuit de inkomhal kijkt men op beide lengtes van de twee vleugels van de woning. De ene leidt naar de eetkamer en leefruimte; de andere naar keuken en garage.

A horizontal window offers a view from the sitting room of the woods behind.

Une fenêtre horizontale donne sur le bois situé à l'arrière.

Een horizontaal raam biedt vanuit het salon een doorkijk op het achterliggende bos.

The same natural stone has been used for the floor and the furniture in the main bathroom. A mirror doubles the sense of space.

Vue sur la salle de bains des parents. Le sol comme le mobilier ont été réalisés dans la même pierre naturelle. Un miroir mural double la dimension de la pièce.

In de *master* badkamer werd zowel voor de vloer als het meubilair dezelfde natuursteen gebruikt. Een spiegelwand zorgt voor een verdubbeling van de ruimte.

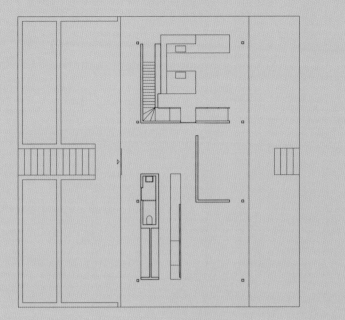
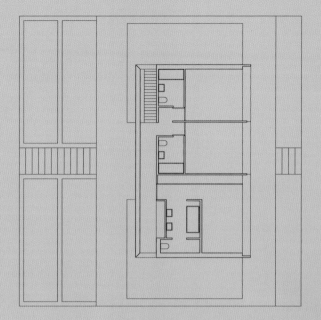

SL / U HOUSE

The starkly symmetrical structure of this house is emphasised by the centrally positioned exterior staircase leading from street level to the main storey, which is on the same level as the back garden. The use of glass for the exterior walls demonstrates that they do not have a load-bearing function; they merely enclose the space and reflect the green surroundings. This transparency makes it appear as though the partially covered front and back terraces are inside the building. This is even more apparent when seen from inside: columns and beams support the roof and canopies that extend outside, all of which are made from exposed concrete. A system of partitions has been installed in the open space. Some of the walls reach the ceiling, whilst others allow light to flow over the ceiling.

La disposition très symétrique de cette maison est accentuée par la position centrale de l'escalier extérieur qui relie le niveau de la rue au bel étage, situé au niveau du jardin arrière. Les façades vitrées de ce niveau d'habitation trahissent leur fonction non porteuse; elles se bornent à enfermer et refléter le cadre verdoyant. Grâce à cette transparence, les terrasses avant et arrière partiellement couvertes semblent faire partie de l'espace intérieur. Un sentiment qui s'accentue lorsqu'on pénètre dans la maison : la toiture et les appentis à l'extérieur sont supportés par des colonnes et poutres, le tout en béton apparent. Une structure formée de plusieurs séparations a été réalisée dans l'espace ouvert. Certains murs atteignent le plafond, tandis que d'autres en sont détachés de quelques centimètres pour permettre à la lumière d'inonder le plafond.

De strak symmetrische opbouw van deze woning wordt benadrukt door de centraal geplaatste buitentrap, die leidt van het straatniveau naar de *bel étage* die op het niveau van de achtertuin ligt. De glazen gevels van dit woonniveau verraden hun niet-dragende functie; zij sluiten af en weerspiegelen enkel de groene omgeving. Door deze transparantie lijken de deels overdekte voor- en achterterrassen binnen te liggen. Van binnenuit bekeken wordt dit nog duidelijker: hier dragen kolommen en balken de dakplaat en de naar buiten doorlopende luifels, alles in zichtbeton. Een structuur van verschillende scheidingswanden werd in de open ruimte ingebracht. Sommige wanden reiken tot aan het plafond, andere laten licht doorvloeien over het plafond.

All four exterior walls of the living level are made of glass and reflect the green surroundings. Protruding canopies and adjoining terraces increase the size of the house.

The house is situated on a slope and is made up of three volumes: a plastered volume on street level, a glass volume containing the living area, and an aluminium volume containing the bedrooms.

Les quatre façades du niveau d'habitation sont entièrement vitrées; elles reflètent le cadre verdoyant. Des appentis et des terrasses consécutives agrandissent la maison.

La maison est située sur un terrain en pente. Elle se compose de trois volumes : un volume plâtré au rez-de-chaussée, un volume vitré et un volume en aluminium qui se replie de chaque côté et qui abrite les chambres à coucher.

De vier gevels van het woonniveau zijn volledig in glas en weerspiegelen de groene omgeving. Uitstekende luifels en aansluitende terrassen vergroten de woning.

De woning ligt op een hellend terrein en is opgebouwd uit drie volumes: een gepleisterd volume op straatniveau, een glazen volume met de woonzone en een aluminium volume dat de slaapvertrekken omvat.

A view, seen from the entrance, of the corridor leading to the indoor staircase, and a view along the front of the house.

Vue depuis l'entrée sur l'accès qui mène à l'escalier intérieur et une vue en longueur de la façade avant.

Een zicht vanuit de inkom op de doorgang die naar de binnentrap leidt en een zicht langs de voorgevel.

The opposite view from that in the photos on the left-hand page. The structure of the columns and beams supporting the concrete roof slab and canopy is clearly visible here.

Même vue d'ensemble qu'à la page de gauche, mais dans le sens inverse. On obtient ainsi une perspective très claire de la structure de poutres et colonnes qui supportent la toiture et l'appentis en béton.

Een omgekeerd gezichtspunt van de foto's op linkerpagina. Hier is de kolom- en balkenstructuur duidelijk zichtbaar; deze draagt de betonnen dakplaat en luifel.

From the entrance hall you can see right through to the back garden. A partition wall, which stops just short of the concrete ceiling, screens off the dining room from the hall.

Vue depuis le hall d'entrée sur le jardin arrière. Un mur de séparation à peine détaché du plafond en béton isole la salle à manger du hall d'entrée.

Vanuit de inkomhal kijkt men tot in de achtertuin. Een scheidingsmuur (die het betonnen plafond net niet raakt) schermt de eetkamer af van de hal.

The contrast between the concrete supporting structure and the white-plastered partitions is very clear in the dining room.

Le contraste entre la structure porteuse en béton et les murs blancs plâtrés de séparation est très net.

Het contrast tussen de betonnen draagstructuur en de wit gepleisterde scheidingswanden is in de eetkamer zeer zichtbaar.

The shelving is fixed to the concrete suspended wall. The low base gives a sense of direction to the interior.

Cette perspective est possible grâce à un mur suspendu en béton qui comprend la bibliothèque. Le meuble bas détermine l'intérieur.

De bibliotheek is opgehangen aan een betonnen hangwand. Het lage sokkelmeubel geeft richting aan het interieur.

The living room with a view through to the entrance. In the foreground to the left is the concrete suspended wall containing the smoke shaft for the fireplace. This wall, together with the unit below, reinforces the horizontal character of the living room.

Vue sur le living avec aperçu du hall d'entrée. À l'avant-plan, le mur suspendu en béton abrite le conduit de cheminée du feu ouvert. Avec la console, il offre un caractère horizontal au séjour.

Een zicht op de living met doorkijk naar de inkomhal. Op de voorgrond links de betonnen hangwand met rookkanaal voor de haard. Samen met het sokkelmeubel versterkt deze het horizontale karakter van de woonkamer.

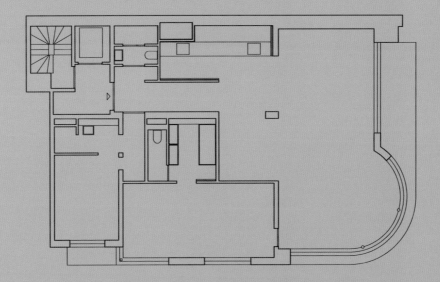

VT / K APARTMENT

The interior walls of this apartment have been designed in such a way as to create a peripheral circulation around the glass walls of the exterior. They provide all of the rooms with a calming view of the North Sea and the beach. The floor throughout has been laid with small glass-mosaic tiles in a dark sand colour. This creates a feeling of texture and is a reference to the grainy effect of the sandy beach, in contrast to the stark white plastering of the walls.

Les murs de cet appartement ont été conçus pour permettre une circulation périphérique le long des murs vitrés de la façade extérieure. On jouit depuis toutes les pièces d'une vue apaisante sur la mer du Nord et la plage. Le sol de tout l'appartement est recouvert de petites mosaïques en verre couleur sable foncé, ce qui confère à l'appartement un aspect qui rappelle les grains de sable fin, malgré des murs bruts plâtrés blancs.

De binnenwanden van het appartement werden zodanig ontworpen dat er een perifere circulatie ontstaat langs de glaswanden van de buitengevel. Zij bieden vanuit alle kamers een rustig zicht op de Noordzee en het strand. De vloer werd doorlopend bekleed met een donkerzandkleurige glasmozaïek van klein formaat. Dit biedt ondanks de strakke witgepleisterde muren toch een textuurgevoel dat refereert aan het korreleffect van het zandstrand.

A view from the hall into the living space, with parallel walls that focus on the sea view.

Vue depuis le hall d'entrée sur le living. Les deux murs parallèles identiques focalisent l'attention sur la mer.

Een doorkijk vanuit de hal naar de leefruimte, met parallelle wanden die focussen op het zeezicht.

The artworks hung in the main bedroom emphasise the symmetry of the way through to the adjacent bathroom.

Une œuvre d'art accrochée au mur de la chambre des parents accentue la symétrie avec la salle de bains en annexe.

De ophanging van het kunstwerk in deze hoofdslaapkamer benadrukt de symmetrische doorgang naar de naastgelegen badkamer.

The passageways through the various spaces (in this photo: between the parents' bedroom and the living room) are arranged so as to guarantee appreciation of the house as a whole and of the sea view.

La disposition des accès aux différentes pièces permet la lecture complète de la façade ainsi qu'une vue permanente sur la mer.

De doorgangen tussen de verschillende ruimtes (op deze foto: vanuit de ouderslaapkamer naar de leefruimte) werden zodanig ingeplant dat de volledige lectuur van de gevel en het zeezicht steeds gegarandeerd wordt.

An overview of the living space, with a sliding glass partition to the right providing access to the kitchen. The artwork with its mirrored sections reflects the sea.

Vue sur le séjour de l'appartement. A droite, on devine les portes coulissantes vitrées par lesquelles on accède à la cuisine. L'oeuvre d'art avec des éléments-miroirs a été accrochée face à la mer, qui s'y reflète.

Een overzicht van het woongedeelte, met rechts de glazen schuifwand die doorgang verleent naar de keuken. Het kunstwerk met spiegelvlakken weerkaatst de zee.

The sliding glass screens can be opened separately and provide a view of the sea and the living area.

Les deux portes coulissantes s'ouvrent individuellement et offrent des vues respectives sur la mer et le séjour.

De glazen schuifwanden kunnen apart opengeschoven worden en geven een zicht op de zee en de woonruimte.

The guest bathroom. In the background is the walk-in shower, fully clad with glass-mosaic tiles.

Vue sur la salle de bains des invités. À l'arrière-plan, la cabine de douche entièrement réalisée en mosaïque de verre noir.

De gastenbadkamer. Op de achtergrond de instapdouche, volledig uitgevoerd in zwarte glasmozaïek.

The texture of the glass mosaic also contrasts with the abstract use of materials for the furniture in the parents' bathroom.

Alliance entre la texture des mosaïques en verre et le matériau abstrait du mobilier dans la salle de bains des parents.

Ook in de ouderbadkamer contrasteert de textuur van de glasmozaïek met het abstracte materiaalgebruik van het meubilair.

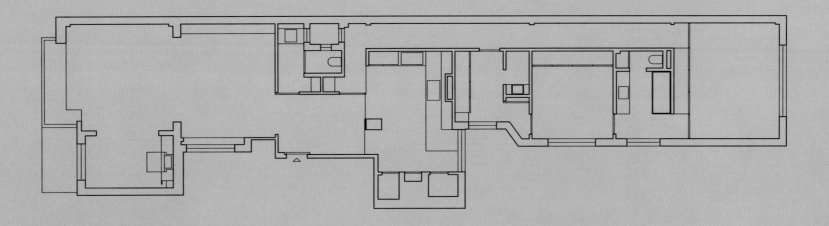

JW / A APARTMENT

This apartment is situated in a building that dates from around 1930. In order to introduce light into the centrally positioned entrance hall, a wall was removed over the entire length of the property and replaced with glass instead. There are two circulation routes leading from this hall: one leads to the living area at the front of the building, which has a view of the park; the other leads to the sleeping area, where a long corridor leads to the bedroom and guest room.

The same wooden floors were laid throughout except for in the kitchen and bathrooms. This design is a typical example of the creation of furniture and fittings with an architectural character that is in keeping with the proportions of the spaces: always carefully positioned between the walls, or the floor and ceiling, and created from the same material.

Cet appartement fait partie d'un immeuble datant des années 1930. Pour apporter la lumière dans le hall d'entrée situé en position centrale, un mur a été abattu sur toute sa longueur et remplacé par une vitre. Depuis le hall d'entrée, deux sens de circulation sont permis : d'une part vers le salon à l'avant de l'appartement donnant sur le parc ; de l'autre vers les chambres, où un long hall de nuit conduit à la chambre et à la chambre d'amis.

Dans tout l'appartement, à l'exception de la cuisine et des salles de bains, les sols ont été réalisés dans le même bois. Ce projet offre un exemple typique de la création de mobilier au caractère architectural. Celui-ci s'adapte au gabarit des pièces ; constance des distances entre les murs ou entre sol et plafond et maintien du même matériau de fabrication.

Dit appartement is gelegen in een gebouw uit ca. 1930. Om licht te brengen in de centraal gelegen inkomhal werd een muur over de ganse lengte verwijderd en vervangen door een glaswand. Vanuit deze hal zijn er twee circulaties: enerzijds naar het woongedeelte gelegen aan de voorkant van het gebouw met zicht op het park; anderzijds naar het nachtgedeelte waar een lange nachthal naar de slaapkamer en gastenkamer leidt.

Behalve in keuken en badkamers werden overal dezelfde houten vloeren geplaatst. Dit ontwerp is een typisch voorbeeld van het ontwerpen van meubilair met een architecturaal karakter dat de maatvoering van de ruimten aanneemt: steeds gemeten tussen de wanden, of vloer en plafond, en uitgevoerd in hetzelfde materiaal.

Two views of the centrally positioned entrance hall as seen from the dining room. In the background is the glass wall that allows light into the hallway and also screens off the kitchen.

Deux vues depuis la salle à manger sur le hall d'entrée occupant une position centrale. Au fond, les vitres laissent entrer la lumière dans le hall, tout en isolant la cuisine.

Twee zichten vanuit de eetkamer op de centraal gelegen inkomhall. In de diepte de glazen wand die licht toelaat in de hal én de keuken afschermt.

The wall units in the sitting area and the dining room are the same height and have been made in the same material. Contrasting natural-stone panels have been installed in the library/fireplace corner. This material is repeated for the surfaces of the dining table and the coffee table.

Le mobilier mural dans le salon comme dans la salle à manger a été placé à la même hauteur et fabriqué dans le même matériau. Pour créer un contraste, la bibliothèque/âtre a été lambrissée en pierre naturelle, que l'on retrouve également pour les tablettes de la table à manger et de la table basse du salon.

Het wandmeubilair wordt zowel in de zithoek als in de eetkamer op dezelfde hoogte en in hetzelfde materiaal uitgevoerd. In contrast hiermee werd in de bibliotheek/ haardhoek een lambrisering ontwerpen in natuursteen. Dit materiaal werd tevens hernomen als tablet voor de eettafel en de salontafel.

The library/fireplace area with its natural-stone panelling and high shelving.

The desk is also a custom-built architectural piece.

La bibliothèque/âtre lambrissée en pierre naturelle et le mur-bibliothèque tout en hauteur.

Un bureau intégré dans le living: un exemple de mobilier au caractère architectural.

De bibliotheek/haardruimte met de natuurstenen lambrisering en de hooggeplaatste boekenwand.

Ook de schrijftafel is architecturaal maatwerk.

Symmetry and reflection are also central features of the dining room. Two low units made from the same material have been placed opposite each other, at the same height. The positioning of the artwork also emphasises the sense of duplication. A conscious decision was made to introduce bright-red leather chairs into the neutral palette of colours in the apartment. The natural stone of the panelling in the library is repeated here in the surface of the unit and table.

Le jeu sur la symétrie et l'effet réfléchissant dans la salle à manger. Les deux meubles bas ont été placés face à face, comme des copies conformes de hauteur identique et réalisées dans le même matériau. Le choix d'une œuvre d'art occupant une position frontale renforce le dédoublement. Les fauteuils en cuir rouge vif ont été délibérément choisis pour contraster avec les teintes neutres de l'appartement. On trouve un rappel des lambris en pierre naturelle de la bibliothèque dans les tablettes de l'armoire et de la table.

Ook in de eetkamer staan symmetrie en spiegeling centraal. De beide lage meubels werden tegenover elkaar geplaatst en uitgevoerd in hetzelfde materiaal, op dezelfde hoogte. Ook de keuze van het frontaal geplaatste kunstwerk benadrukt de verdubbeling. Binnen de neutrale kleurenwaaier van het appartement werd hier bewust gekozen voor de stoelen in felrood leder. De natuursteen van de lambrisering in de bibliotheek wordt hier herhaald in het kast- en tafeltablet.

As in the library, half-height natural-stone panelling was installed in the bathroom, but here a dark colour has been chosen.

Dans la salle de bains on a opté, comme dans la bibliothèque, pour des lambris de pierre à mi-hauteur, mais ici de couleur plus foncée.

Net zoals in de bibliotheek werd ook in de badkamer een halfhoge natuursteenlambrisering geplaatst, maar hier in een donkere kleur.

The bedroom is the only room to extend over the entire length of the sleeping quarters of the house. All of the furniture has been created in dark wood, following a strictly symmetrical design.

La chambre à coucher couvre à elle seule toute la largeur de l'aile de nuit. Tous les meubles ont été réalisés en bois foncé, selon un concept extrêmement symétrique.

De slaapkamer strekt zich als enige ruimte uit over de ganse breedte van de nachtvleugel. Alle meubilair is volgens een strikt symmetrisch concept uitgevoerd in donker hout.

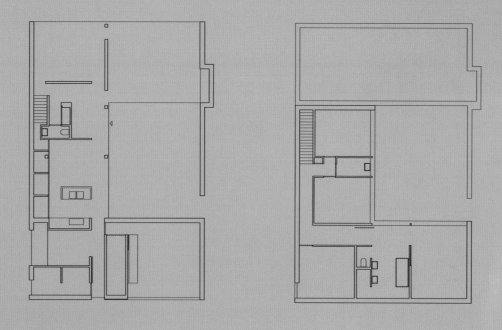

DVDG / D HOUSE

The house is constructed on a U-shaped ground-floor storey with an inner courtyard where the entrance is situated. The upper floor is L-shaped, making it smaller than the ground floor. Far back in the garden, a swimming pool and pool house have been constructed, parallel to the house.

Le rez-de-chaussée en U de cette habitation lui permet de disposer d'une cour intérieure par laquelle on y accède. L'étage, en forme de L, est par conséquent moins profond que le rez-de-chaussée. Tout au fond du jardin, une poolhouse et sa piscine ont été construites parallèlement à la maison.

De woning is opgebouwd uit een U-vormige gelijkvloerse verdieping met een binnenkoer waarlangs men de woning betreedt. De bovenverdieping is L–vormig waardoor deze minder diep is dan het gelijkvloers. Diep achterin de tuin werd een zwembad met poolhouse gebouwd, parallel aan de woning.

The living room is arranged to provide a view both of the garden and of the inner courtyard in the evening sun.

Le living est disposé de façon à offrir une vue tant sur le jardin que sur la cour intérieure baignée par la lumière du crépuscule.

De living werd zodanig ingeplant dat men er zicht heeft op de tuin én op de binnenkoer met avondzon.

From the front garden, the inner courtyard is reached via an opening in the garden wall. The entrance door is diagonally across from this opening.

Une ouverture dans le mur du jardin permet de passer du jardin avant à la cour intérieure. La porte d'entrée est disposée en diagonale par rapport à ce passage.

Vanuit de voortuin bereikt men de binnenkoer via een opening in de tuinmuur. De inkomdeur is diagonaal tegenover deze doorgang geplaatst.

Views of the pool house and the swimming pool, as seen from the house and garden. Architect *Pascal van der Kelen* was also asked to design the garden. A grid of trees runs throughout the grounds. A series of parallel hedges divides the garden into rooms. Openings in the hedges increase the perspectives and the impression of distance between the house and the pool house.

Vues depuis la maison et le jardin sur la poolhouse et la piscine. Le projet comprenait également l'aménagement du jardin. Les arbres parcourent tout le jardin selon un schéma très strict. Le jardin est compartimenté par un enchaînement de haies parallèles. Des ouvertures dans la haie offrent une perspective plus large et accentuent la distance entre la poolhouse et la maison.

Zichten vanuit de woning en tuin op de poolhouse en het zwembad. Architect *Pascal van der Kelen* werd ook gevraagd om de tuin te ontwerpen. Een strak raster van bomen loopt doorheen de ganse tuin. Een opeenvolging van parallelle hagen verdeelt de tuin in kamers. Openingen in de hagen vergroten het perspectief en de afstand tussen huis en poolhouse.

The office and library were built alongside the front garden, amongst high hedges. In contrast to the light stone-like floor in the rest of the house, a dark-tinted wooden floor was chosen for this space.

Une cour intérieure, bordée par le bureau-bibliothèque, a été annexée au jardin, entre de hautes haies. En contraste avec le sol en pierre claire de l'ensemble de la maison, on a opté ici pour un plancher en bois foncé.

Aan de voortuin, tussen hoge hagen, werd het bureau met bibliotheek gebouwd. In contrast met de lichte steenachtig vloer van de ganse woning werd hier voor een donkergetinte houten vloer geopteerd.

The specially fitted library and desk. One of the bookshelves has been accentuated in a different colour and runs like a ribbon around the three walls.

La bibliothèque et son écritoire. Un des rayonnages a été peint délibérément dans une autre couleur et longe les trois murs, comme une frise.

De op maat gemaakte bibliotheek met schrijftafel. Een van de boekenschappen werd in een andere kleur geaccentueerd en loopt als een lint over de drie muren.

Two views of the kitchen.

Deux vues de la cuisine.

Twee keukenzichten.

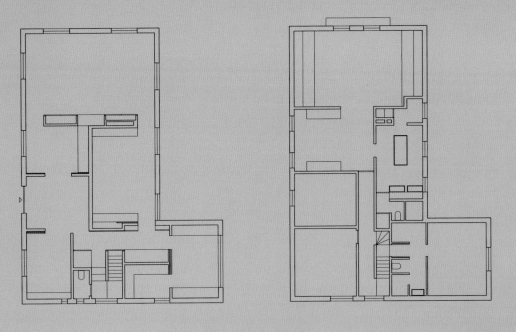

VDH / T HOUSE

This commission consisted of completely altering and refurbishing a house from the 1950s. The garage was extended out of the main volume of the house and refitted as a kitchen because of its favourable position. The entrance hall was converted to a double-height space. Some passageways were closed off, creating a completely different circulation through the house. The new routes through the space were situated alongside the exterior walls. The appreciation of the exterior of the house as a whole was also made possible in this project. An architectural piece of furniture in the living room has a determining influence on the organisation of the ground floor.

Cette maison des années 1950 a été transformée et réaménagée de fond en comble. Le garage a été retiré du volume et reconverti en cuisine grâce à sa situation idéale. La hauteur de plafond du hall d'entrée a été surélevée. Certains accès aux pièces ont été condamnés pour permettre une circulation totalement différente dans la maison. Les nouveaux accès ont été réalisés le long des façades. Ce projet facilite également la lecture complète des façades. Dans le salon, un meuble architectural détermine l'organisation du rez-de-chaussée.

De opdracht bestond erin om een woning uit de jaren 1950 grondig te verbouwen en in te richten. De garage werd buiten het volume gebracht en door de goede ligging tot keuken verbouwd. De inkomhal werd verbouwd tot een dubbelhoge ruimte. Bepaalde doorgangen werden dichtgemaakt, waardoor een totaal andere circulatie in de woning ontstond. De nieuwe doorgangen werden langs de gevels geplaatst. De volledige lectuur van de gevels wordt ook in dit project mogelijk gemaakt. Een architecturaal meubel in de woonkamer bepaalt de organisatie van het gelijkvloers.

The radical transformation of the living room allows a generous amount of light to enter the building from the front garden, side garden and back garden.

Le salon a été conçu de manière à jouir de la lumière provenant de trois côtés, en l'occurrence des jardins avant, latéral et arrière.

De ingrijpende transformatie van de woonkamer creëerde een royale lichtinval: zowel vanuit de voortuin, zijtuin als achtertuin.

The dining room is symmetrically constructed. The walls and the ceiling are both finished in wood. Two identical cupboard units have been placed opposite each other. The two exits from this room lead to the living room and the kitchen. The positioning of the table in a contrasting colour emphasises the central point around which the room reflects.

La salle à manger est d'une conception très symétrique. Les murs et le plafond ont été réalisés en bois. Deux armoires identiques se font face. Les deux entrées également placées en vis-à-vis et se reflétant l'une dans l'autre mènent respectivement au living et à la cuisine. La position de la table de couleur vive accentue le point central réfléchissant.

De eetkamer is symmetrisch opgebouwd. Zowel de wanden als het plafond werden afgewerkt in hout. Twee identieke kasten werden tegenover elkaar geplaatst. De twee doorgangen leiden naar de leefruimte en de keuken. De inplanting van de tafel in een contrasterende kleurbehandeling benadrukt het middelpunt waarrond gespiegeld wordt.

In contrast to the dining room, the library/TV room is finished throughout in a dark-tinted wood; here the architect has decided on a white ceiling.
Both rooms are designed as isolated resting points in the circuit of the house.

Contrairement à la salle à manger, la bibliothèque/salle de télévision est entièrement composée de bois foncé, excepté le plafond peint en blanc. Les deux pièces font par conséquent office d'espaces de repos isolés dans le circuit de la maison.

In contrast met de eetkamer werd de bibliotheek/tv-kamer volledig afgewerkt in een donkergetint hout; hier echter koos de architect voor een wit plafond. Beide ruimtes zijn aldus opgevat als twee geïsoleerde rustpunten in het circuit van de woning.

In the kitchen, the former garage, the same
material is used as in the dining room, this time
in combination with enamelled glass and
brushed stainless steel.

Dans la cuisine, l'ancien garage, on a opté pour
le même matériau que dans la salle à manger, en
combinaison cette fois avec le verre émaillé et
l'acier inoxydable brossé.

In de keuken, de vroegere garage, wordt het
materiaal van de eetkamer opnieuw gebruikt, nu
in combinatie met geëmailleerd glas en
geborsteld roestvrij staal.

The corridor between the stairway and the cloakroom: bleached
wood is also repeated here for the wall units and floor.
The mirrored wall doubles the sense of space.

Accès depuis l'escalier au vestiaire : ici encore, on retrouve le
bois blanchi tant pour le meuble mural que sur le sol. Le miroir
mural double l'espace,

De doorgang van de traphal naar de vestiaire: ook hier wordt
het gebleekte hout voor zowel wandmeubel als vloer herhaald,
de spiegelwand zorgt voor de verdubbeling van de ruimte.

Views of the parents' bedroom: architectural furniture that is
in keeping with the proportions of the spaces.

Vues sur la chambre à coucher des parents, où le mobilier
architectural se fond dans la pièce.

Zichten op de ouderlijke slaapkamer: architecturaal
meubilair dat de maatvoering van de ruimtes aanneemt.

The double-height entrance hall can be seen from the parents' dressing room.

Depuis le dressing des parents, on jouit d'une vue sur le hall d'entrée au plafond haut.

Vanuit de ouderlijke dressing heeft men zicht op de dubbelhoge inkomhal.

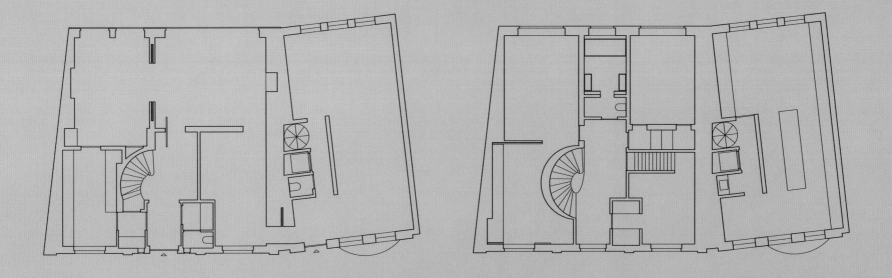

GVT / K HOUSE

The alterations to this property were made in two phases.
First, the house with the natural-stone façade was restored and redesigned. During the second stage, the next-door property was completely transformed.
The two houses were combined, which also meant adapting the terrace and the width of the garden. The finish of the two façades was deliberately kept different. Inside the houses, the two buildings are linked only on the ground floor.
In the main building, which houses the living area, the alterations were confined to closing or opening up ways between the rooms. This has created a new, interesting circulation through the house, giving the building a renewed sense of transparency and space.

Cette transformation s'est déroulée en deux phases.
Dans un premier temps, la façade de la maison en pierre naturelle a été restaurée en profondeur. Ensuite, le bâtiment attenant a été entièrement transformé.
Le rassemblement des deux habitations a entraîné la modification des dimensions de la terrasse et de la largeur du jardin. Les façades ont été intentionnellement recouvertes de matériaux distincts. À l'intérieur aussi, seuls les rez-de-chaussée des deux maisons ont été jumelés.
Dans le bâtiment principal, qui regroupe les fonctions d'habitation, les transformations ont été limitées à la fermeture ou l'ouverture de passages entre les pièces, ce qui a permis une nouvelle circulation plus intéressante, grâce à laquelle la maison a gagné en transparence et en espace.

Deze verbouwing gebeurde in twee fasen.
Eerst werd de woning met de natuurstenen gevel grondig gerestaureerd en heringericht. In een tweede stadium werd het naastliggende pand grondig getransformeerd.
Door het samenbrengen van de twee woningen werden tevens het terras en de tuinbreedte aangepast. De gevelbekledingen werden bewust verschillend gehouden. Ook binnen werden de woningen alleen op het gelijkvloers gekoppeld.
In het hoofdgebouw, waar de woonfuncties zijn ondergebracht, werden de verbouwingen beperkt tot het dichten of openen van de doorgangen tussen de ruimtes. Hierdoor ontstaat een nieuwe, boeiende circulatie waarbij de woning aan transparantie en ruimtelijkheid wint.

A completely new façade was designed for the ground floor: a freestanding metal structure with an aluminium and enamelled glass surface that reflects the garden.

Au rez-de-chaussée, une façade entièrement neuve a été aménagée : une structure métallique recouverte d'aluminium et de verre émaillé sert de miroir à tout le jardin.

Op de gelijkvloerse verdieping werd een volledig nieuwe gevel ontworpen: een losstaande metaalstructuur met bekledingen in aluminium en geëmailleerd glas waarin de tuin volledig gereflecteerd wordt.

From the living room there is a wonderful view of the old symmetrical garden and pond; there is no indication
of the star-shaped secret garden behind, which we do, however, get a look at here.

Depuis le séjour, on jouit d'une vue magnifique sur l'ancien jardin symétrique doté d'un plan d'eau ; rien ne vient
perturber le jardin secret à l'arrière, que l'on aperçoit dans le plan en étoile.

Vanuit de woonkamer heeft men een prachtig zicht op de oude symmetrische tuin met watervlak;
niets verraadt de achterliggende *giardino secreto* waar we hier wel een zicht op hebben met stervormig plan.

A view, as seen from the main house, of the neighbouring building, where a gallery has been installed on the ground floor .

Une vue depuis le bâtiment principal sur l'annexe, dont le rez-de-chaussée abrite une galerie.

Een zicht vanuit de hoofdwoning naar het naastliggende pand, waar op de gelijkvloerse verdieping een galerie is ondergebracht.

A television room in dark shades has been created on the first floor.

Au premier étage, une salle de télévision décorée dans des tons foncés.

Op de eerste verdieping is een televisiekamer ingericht in donkere tinten.

Some of the sizable collection of contemporary art has been accommodated on the ground floor of the adjacent building.

Une partie de l'importante collection d'art contemporain est exposée au rez-de-chaussée du bâtiment annexe.

Een deel van de belangrijke collectie hedendaagse kunst werd ondergebracht op de gelijkvloerse verdieping van het aanlendende pand.

The dining room is situated on the same side as the garden. The windows in the exterior wall have been given a very contemporary finish that contrasts with the classic panelling and door frames. The freestanding exterior framework has been installed in front of the façade, thereby creating deep recesses, which have been finished in a dark colour.

La salle à manger est située côté jardin. Contrastant avec le lambrissage classique et les chambranles, les fenêtres de la façade extérieure ont été dotées d'une note archicontemporaine. En déchargeant la façade des menuiseries extérieures, on a créé de profondes niches foncées.

De eetkamer is gesitueerd aan de tuinzijde. In contrast met de klassieke lambriseringen en deurlijsten werden de ramen in de buitengevel extreem hedendaags aangepast. Door het buitenschrijnwerk los te plaatsen voor de gevel ontstaan er diepe nissen die donker zijn afgewerkt.

An office with a lot of bookshelves has been created on the first floor of the second house to be restored. The desk was designed by the architect. Freestanding furniture in a modernist style. The beams in the ceiling are an indication of the extensive alterations, which involved demolishing all but one of the interior walls.

Dans la partie restaurée ultérieurement, un bureau doté d'une gigantesque bibliothèque a été créé au premier étage. Le bureau a été réalisé d'après des croquis de l'architecte. Mobilier indépendant de style moderne. Les poutres au plafond trahissent la disparition de tous les murs intérieurs, sauf un.

In het later gerestaureerde pand werd op de eerste verdieping een bureau gecreëerd met een gigantische bibliotheek. Schrijftafel naar tekeningen van de architect. Los meubilair in modernistische stijl. De balken in het plafond verraden de ingrijpende verbouwing waarbij op één na alle binnenmuren werden weggebroken.

The extensive alteration process also involved the second floor, where a guestroom was created.

Au deuxième étage, la même transformation radicale s'est opérée. Une chambre d'amis a été créée ici.

Op de tweede verdieping werd dezelfde ingrijpende verbouwing gerealiseerd. Hier werd een gastenverblijf ondergebracht.

A starkly symmetrical design was drawn up for the bathroom. This is reinforced by the positioning of the washbasins around a central line. Panelling and bathroom furniture in natural stone and blue enamelled glass.

The panelling in the bathroom recurs in the bedroom as a headboard, but here it has been built in a contrasting wood as a central feature of the room. A sliding panel leads to the dressing room. The walls have not been painted, but plastered and then polished to create a wall of white chalk.

La salle de bains répond à un concept très symétrique, renforcé par la disposition des lavabos autour d'une ligne médiane. Les lambris et le mobilier ont été réalisés en pierres naturelles et en verre bleu émaillé.

Les boiseries de la salle de bains, réalisées dans une essence de bois contrastante, font également office de tête de lit, mais occupent ici une position centrale dans la pièce. Un mur coulissant donne accès au dressing. Tous les murs ont été plâtrés et polis au lieu d'être peints, pour créer un effet blanc crayeux.

Voor de badkamer werd een strak symmetrisch ontwerp uitgetekend. Dit wordt versterkt door de inplanting van de wastafels rond een middenlijn. Lambriseringen en meubilair zijn uitgevoerd in natuursteen en blauw geëmailleerd glas.

De lambrisering uit de badkamer wordt ook als beddenhoofd gebruikt, maar hier centraal in de ruimte opgesteld in een contrasterende houtsoort. Een schuifwand leidt naar de dressingruimte. Alle wanden werden niet geschilderd maar gepleisterd en gepolijst tot een witte krijtwand.

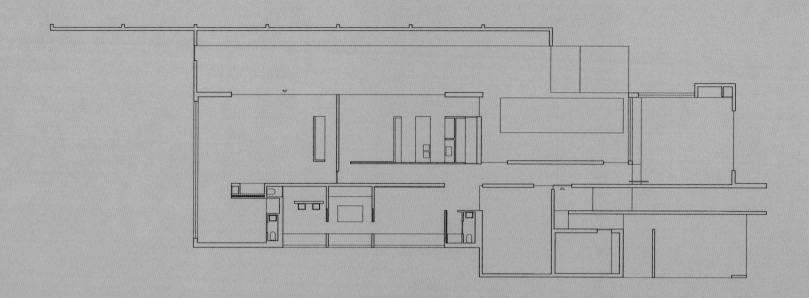

H VDK / S HOUSE

In summer 2005, the final touch was added to the alterations of architect *Pascal Van Der Kelen*'s own house.

This house, which dates from 1994, gained a great deal of international recognition for the young architect and was a source of inspiration for many clients.

An additional section was built to embed the private quarters further into the green of the garden. The architect's office is now on the street side of the house.

A swimming pool was also added, with the architect receiving inspiration from the reflection of the water surface.

He also used this main theme on vertical surfaces by installing enamelled-glass exterior walls in various shades of green and black.

(Full report in the book *CONTEMPORARY LIVING IN BELGIUM*, see Bibliography pages 196-197).

Durant l'été 2005, la dernière touche a été apportée au projet de rénovation de l'habitation privée de l'architecte *Pascal Van Der Kelen*.

Cette maison, datant de 1994, a entraîné une reconnaissance internationale pour le jeune architecte. En même temps, elle est devenue une source d'inspiration pour de nombreux commanditaires.

Une annexe a été construite, enfonçant encore davantage la partie privée dans la verdure. Le bureau d'architecte se trouve maintenant côté rue.

Une piscine a également été construite, pour laquelle l'architecte a trouvé son inspiration dans le reflet de l'eau.

Ce thème se reproduit sur les surfaces verticales, revêtues de verre émaillé de différentes teintes vertes et noires.

(Reportage complet dans l'ouvrage *DEMEURES CONTEMPORAINES EN BELGIQUE*, voir Bibliographie pages 196-197).

In de zomer van 2005 werd de laatste hand gelegd aan de verbouwing van de privé-woning van architect *Pascal Van Der Kelen*.

Deze woning, daterend uit 1994, zorgde voor een sterke internationale erkenning van de jonge architect: ze vormde een inspiratiebron voor vele opdrachtgevers.

Een volume werd bijgebouwd waardoor het privé-gedeelte nog meer in het groen werd ingebed. Het architectenkantoor bevindt zich nu aan de straatzijde.

Er werd ook een zwembad toegevoegd, waarbij de architect zich inspireerde op de weerspiegeling van het wateroppervlak. Hij paste dit hoofdthema tevens toe op verticale vlakken door het aanbrengen van buitenwanden in geëmailleerd glas in verschillende groen- en zwarttinten.

(Volledige reportage in het boek *HEDENDAAGS WONEN IN BELGIE*, zie Bibliografie pagina's 196-197).

The architect's office is situated on the southern side of the building.

Le bureau de l'architecte est situé au côté sud du bâtiment.

Het architectenkantoor is gevestigd aan de zuidzijde.

An inner courtyard has been laid out between the existing house and the newly added sitting-room section.

Entre l'ancienne habitation et le nouveau volume avec le séjour, une cour intérieure a été aménagée.

Tussen het volume van de bestaande woning en het nieuw toegevoegde volume met de woonkamer werd een binnenkoer aangelegd.

A view of the new sitting room's garden-facing wall with its covered porch and dark-green enamelled glass.

Vue sur la façade côté jardin de la salle de séjour rajoutée, auvent de verre émaillé vert sombre.

Zicht op de nieuwe tuingevel van de bijgebouwde woonkamer met een overdekte luifel en donkergroen geëmailleerd glas.

The sitting room with its half-height panelling in dark-grey flannel.

Le salon est lambrissé à mi-hauteur en flanelle gris.

De woonkamer is bekleed met een halfhoge lambrisering in donkergrijze flanel.

A view through from the entrance hall to the new living room, which is on a lower level.

Vue du hall d'entrée sur le nouveau séjour en contrebas.

Een doorkijk vanuit de inkomhal naar de nieuwe, lagergelegen woonkamer.

The kitchen and the dining room form a whole, offering a beautiful view of the swimming pool.

La cuisine forme un tout avec la salle à manger. On y jouit d'une superbe vue sur la piscine.

De keuken vormt samen met de eetkamer één geheel. Men geniet er van een mooi zicht op het zwembad.

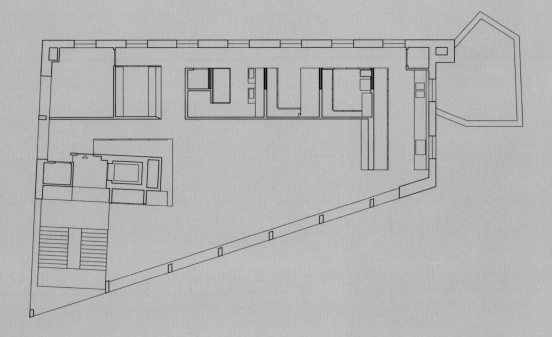

OR / T APARTMENT

Pascal van der Kelen converted the top floor of these industrial premises into an apartment.

The façade, originally the same as can still be seen on the first and second floors, was completely removed on this level. As a replacement, the architect designed an open load-bearing structure with a canopy in exposed concrete.

A continuous metal and glass section was designed for the space. The staircase is situated on the corner. The deliberately staggered window section ensures a breathtaking view of the river from the lift and the stairway. The architect came up with a complete furnishing concept for the interior.

Pascal van der Kelen a transformé l'étage supérieur d'un bâtiment industriel en appartement.

La façade, telle qu'elle apparaît encore au premier et au deuxième étages, a été ici entièrement démolie. L'architecte l'a remplacée par une structure porteuse ouverte dotée d'un auvent en béton apparent.

À l'arrière, une partie vitrée et métallique continue a été créée. L'escalier se trouve sur le côté. Le décalage volontaire des châssis offre depuis l'ascenseur et l'escalier une vue époustouflante sur la rivière. À l'intérieur, tout le mobilier porte la signature de l'architecte.

De bovenste verdieping van een industrieel pand werd door *Pascal van der Kelen* tot appartement verbouwd.

De gevel zoals die op de eerste en tweede verdieping nog waargenomen kan worden, werd hier volledig afgebroken. Ter vervanging tekende de architect een open draagstructuur met luifel in zichtbeton.

Achterin werd een doorlopende metalen glaspartij ontworpen. Op de hoek bevindt zich de traphal. Door de bewuste verspringing in de raampartij krijgt men vanaf de lift of de trap een adembenemend zicht op de rivier. Binnenin tekende de architect een compleet meubelconcept.

View from the terrace, which overlooks the river. The repetitive character of the windows is echoed in the new concrete structure. A canopy keeps off the high midday sun.

Vue depuis la terrasse qui borde la rivière. Le caractère répétitif des châssis se retrouve dans la nouvelle structure en béton. Un auvent protège des rayons puissants du soleil de midi.

Zicht vanaf het terras, gelegen langs de rivier. Het repetitief karakter van de ramen werd hernomen in de nieuwe betonstructuur. Een luifel weert de hoogstaande zon tijdens het middaguur.

From the third floor there is a breathtaking view of the river and garden. This was achieved by demolishing the entire façade and designing a continuous glass section. The view can be appreciated throughout the whole living area of this rooftop apartment.

Au troisième étage, on jouit d'une vue à couper le souffle sur la rivière et le jardin, grâce à la démolition de l'ensemble de la façade et à la réalisation d'une structure vitrée continue. Le séjour de l'appartement sous toit offre une vue des quatre côtés.

Vanaf de derde verdieping heeft men een adembenemend zicht op rivier en tuin. Dit werd bekomen door het wegbreken van de ganse gevel en het ontwerp van een doorlopende glaspartij. Het zicht heeft men overal in het woongedeelte van het dakappartement.

Front view of the converted façade. The corner column on the left is freestanding. The existing staircase diverges from the right angles of the rest of the project, resulting in the angular deviation in the façade and creating the open exterior space.

Vue frontale sur la façade transformée. À gauche, la colonne de coin est entièrement libre. La cage d'escalier existante se distingue du projet orthogonal, formant un coin distinct dans la façade. On obtient ainsi un espace extérieur ouvert.

Frontaal zicht op de verbouwde gevel. De hoekkolom links staat volledig vrij. De bestaande traphal wijkt af van het orthogonale project; vandaar de hoekverdraaiiing in de gevel. Zo ontstaat een open buitenruimte.

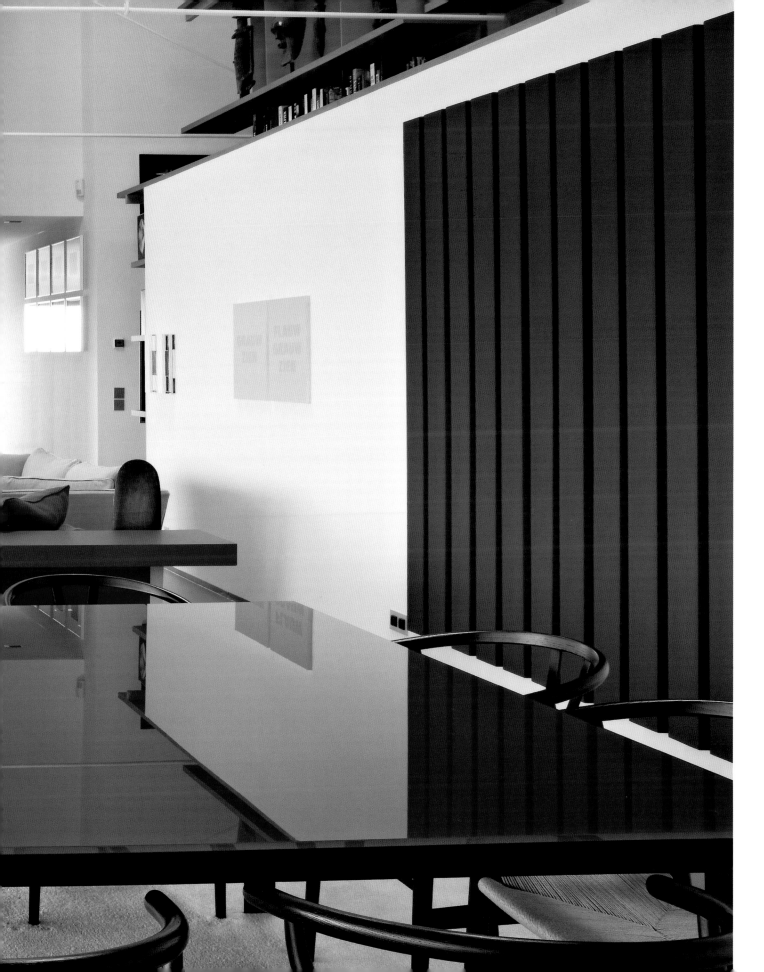

The sitting and dining area is situated parallel to the wall of glass. The original roof with its metal framework has been completely opened up and exposed. Some of the shelving has been accommodated along the existing interior wall, in dark wood contrasting with the smooth, white wall.

Le salon/salle à manger est parallèle à la partie vitrée. Le toit existant doté de chevrons métalliques est entièrement ouvert et apparent. Le mur intérieur pré-existant accueille une partie de la bibliothèque, réalisée en bois sombre qui contraste avec le mur blanc lisse.

De zit- en eetruimte is gesitueerd parallel aan de glaswand. Het bestaande dak met metalen spant is volledig opengewerkt en zichtbaar. Aan de bestaande binnenwand werd een deel van de bibliotheek ondergebracht, in donker hout dat contrasteert met de gladde, witte wand.

The shelving and the table were designed by the architect.

Le mur-bibliothèque et la table ont été dessinés par l'architecte.

De bibliotheekwand en de tafel werden door de architect ontworpen.

A view of the open fireplace unit, with a built-in desk in the background.

Vue sur le meuble du feu ouvert, avec dans le fond un bureau encastré.

Een zicht op het open haardmeubel, met in de diepte een ingewerkt bureau.

The workspace can be completely closed off. A mirror has been integrated into the alcove.

L'espace de travail peut être complètement fermé. Un miroir a été intégré dans le fond de la niche.

De werkhoek kan volledig afgesloten worden. In de rug van de nis werd een spiegel geïntegreerd.

From the living area, you pass through another part of the library to reach the bedroom corridor.

Depuis le séjour, on accède au hall de nuit par une autre partie de la bibliothèque.

Vanuit het woongedeelte bereikt men de nachthal via een ander deel van de bibliotheek.

The kitchen can be reached from both the dining
room and the bedroom corridor. All of the furniture
was built to design in finished sheet material.
Surface in cast resin.

La cuisine est accessible tant depuis la salle à
manger que depuis le hall de nuit. Tous les meubles
ont été réalisés d'après croquis en panneaux laqués.
Tablette en résine coulée.

Zowel vanuit de eetkamer als de nachthal kan men
de keuken bereiken. Alle meubilair werd uitgevoerd
naar tekeningen in gelakt plaatmateriaal. Tablet in
gegoten kunsthars.

All of the walls of the bathroom have half-height panelling in resin-bound stone;
some of the furniture is also made of the same material. Walls of mirrors double the space.

Tous les murs de la salle de bains ont été lambrissés à mi-hauteur des murs en pierre résineuse,
dans laquelle certaines parties des meubles ont également été réalisées. Les miroirs muraux assurent un doublement de l'espace.

Alle wanden van de badkamer werden gelambriseerd op halve muurhoogte in een kunstharsgebonden steen;
ook delen van het meubilair zijn hierin uitgevoerd. Spiegelwanden verdubbelen de ruimte.

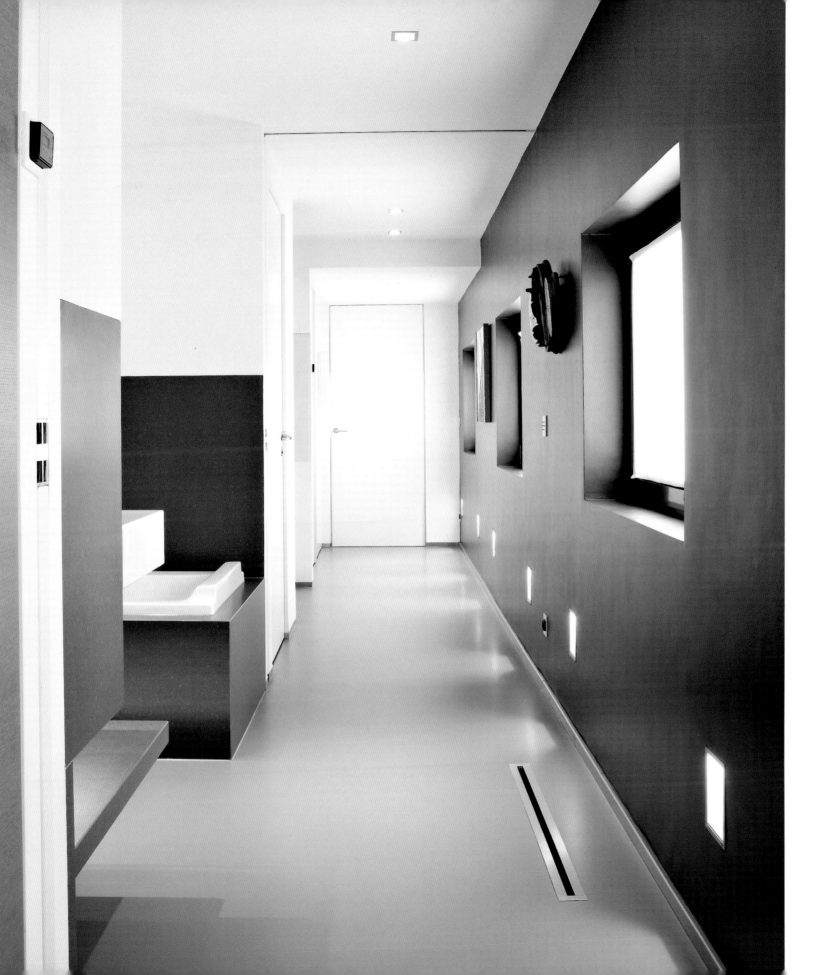

View of the bedroom corridor adjoining the guest
bathroom, main bathroom, dressing room and
parents' bedroom.

Vue sur le hall de nuit situé le long des pièces
annexes : la salle de bains des invités ainsi que la
salle de bains, le dressing et la chambre à coucher
des parents.

Zicht op de nachthal gelegen langs de
geannexeerde ruimten: gastenbadkamer, badkamer,
dressing en ouderslaapkamer.

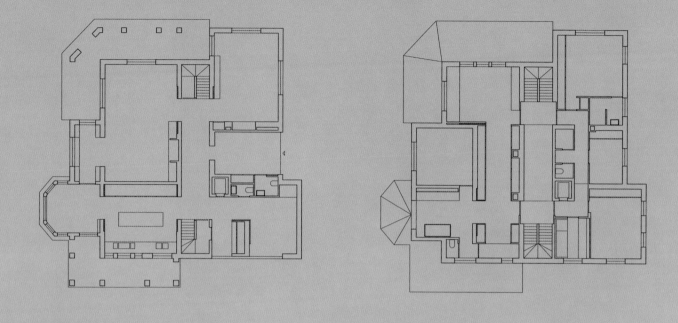

DLJ/ O HOUSE

In this renovation project, the work consisted of a number of modifications: converting the labyrinthine succession of rooms and also rebuilding some of the exterior walls.

The biggest change, however, was bringing more light into the house. An atrium, two metres wide and eleven metres high, was inserted into the centre of this 13m x 13m house, between the existing load-bearing walls; it extends over all of the floors and is capped with a glass roof.

This central light source is accessed on the ground floor via a narrow corridor from the entrance hall. Stairs have been installed on either side of the atrium: one leads to the parents' bedroom area and the other leads to the children's rooms.

The rooms on all of the floors have been organised around this central atrium, and furnished. The outbuilding has been converted into a pool house and a swimming pool has been installed.

Ce projet de rénovation comprenait plusieurs interventions : la transformation du labyrinthe de pièces et la rénovation d'une partie des façades.

Le plus grand défi consistait à faire entrer la lumière. Dans cette maison de 13m x 13m, on a créé, entre les murs porteurs existants, un *vide* central de 2m de large sur 11m de long, présent à chaque étage et couvert d'un toit de verre.

Au rez-de-chaussée, un passage étroit permet d'apercevoir cette source centrale de lumière depuis le hall d'entrée. Dans l'axe longitudinal du *vide*, des escaliers ont été placés des deux côtés : ils mènent respectivement aux chambres des parents et des enfants.

À chaque étage, les pièces sont disposées et s'organisent autour de ce *vide* central. L'annexe a été reconvertie en poolhouse. Dans son prolongement, on a creusé une piscine.

De opdracht van deze verbouwing bestond uit verschillende interventies: het veranderen van de labyrintische opeenvolging van ruimtes én het verbouwen van een deel van de gevels.

De grootste ingreep echter was de lichtinbreng. In de woning van 13m x 13m werd centraal, tussen de bestaande draagmuren, een *vide* aangebracht van 2m breed, 11m lang en over alle verdiepingen; afgedekt met een glazen dak.

Op het gelijkvloers ontdekt men deze centrale lichtbron via een smalle doorgang vanuit de inkomhal. In de lengte-as van de *vide* werden aan weerszijden trappen ingeplant: ze leiden respectievelijk naar de nachtvertrekken van ouders en kinderen.

De ruimtes op alle verdiepingen werden georganiseerd rond deze centrale *vide* en ingericht. Het bijgebouw werd verbouwd tot poolhouse. In het verlengde ervan werd een zwembad aangelegd.

A view of the south-west façade from the park garden. No alterations have been made here, out of respect for the original building.

Aperçu depuis le jardin paysager sur la façade sud-ouest. Le bâtiment existant a été respecté et laissé tel quel.

Een blik vanuit de parktuin op de zuid-west gevel. Hier werd uit respect voor het bestaande gebouw geen aanpassingen aangebracht

A view of the façade where the entrance is located. Improvements have been made to the windows on the ground floor. This part of the façade has been plastered simply and contrasts with the monochromatic paint of the half-timbered upper floor.

Vue sur la façade comprenant la porte d'entrée. Au rez-de-chaussée, les châssis ont subi des transformations. Cette partie de la façade a été recouverte de plâtre brut, offrant un contraste avec l'étage à *colombage* monochrome.

Zicht op de gevel waar de inkomdeur gelegen is. Op het gelijkvloers werden rectificaties gemaakt in de raamopeningen. Dit deel van de gevel werd strak gepleisterd in contrast met de monochroom geschilderde *colombage* verdieping.

Part of the outbuilding has been converted into a pool house.

Une partie de l'annexe a été reconvertie en poolhouse.

Een deel van het bijgebouw werd tot poolhouse verbouwd.

View of the new pool house from the terrace by the long side of the house. The bottom part of the glass section consists of three sliding windows that slide independently of each other and can be arranged in different positions.

Vue depuis la terrasse bordant le côté long sur la nouvelle poolhouse. La partie inférieure de la structure vitrée se compose de trois fenêtres coulissantes qui s'ouvrent séparément et peuvent être disposées n'importe où.

Zicht vanop het terras gelegen langs de lange zijde naar het nieuwe poolhouse. Het onderste deel van de glaspartij bestaat uit drie schuiframen die elk apart schuiven en om het even waar geplaatst kunnen worden.

From this position in the garden there is a view of both the main building
and the outbuilding, which has been converted to a pool house with a
swimming pool.

De cet endroit du jardin, on jouit d'une vue sur le bâtiment principal et sur
l'annexe, transformée en poolhouse et en piscine.

Vanuit deze positie in de tuin heeft men een zicht op zowel het
hoofdgebouw als het bijgebouw, verbouwd tot poolhouse met zwembad.

The walls inside the pool house are made of exposed concrete. Floor in the same natural stone as on the terrace. Kitchenette and open fireplace in black sheet material. You can sit here and enjoy the view of the garden slopes.

Les murs intérieurs de la poolhouse sont en béton apparent. Le sol a été réalisé dans la même pierre naturelle que la terrasse. La kitchenette et le feu ouvert sont en panneaux noirs. Assis, on profite d'une vue sur le jardin en pente.

De wanden van de binnenruimte van het poolhouse zijn gerealiseerd in zichtbeton. Vloer in dezelfde natuursteen als op het terras. Kitchenette en open haard in zwart plaatmateriaal. Al zittend heeft met een zicht op de glooiingen van de tuin.

The entrance hall seen from the high atrium. Glass sections to the left and right give an impression of continuity.

Vue plongeante sur le hall d'entrée depuis le vide de l'étage. Les parties vitrées à gauche et à droite donnent une impression de continuité.

De inkomhal gezien vanuit de hoge *vide*. Glaspartijen links en rechts geven de indruk van continuïteit.

A three-storey atrium was designed for the centre of the house. On the short sides of this atrium, two identical staircases were created, each of which leads to a different part of the sleeping areas. Floors and stairs in natural stone. Suspended handrails in brushed stainless steel.

Au centre de la maison, un vide a été créé sur trois étages. Des deux côtés de celui-ci, deux escaliers identiques mènent chacun à une partie des chambres à coucher. Les sols et escaliers sont en pierre naturelle. Les rampes suspendues sont en acier inoxydable brossé.

Centraal in de woning werd een drie verdiepingen hoge *vide* ontworpen. Aan de beide korte zijden van deze *vide* werden twee identieke trappen getekend die elk naar een ander deel van de slaapvertrekken leiden. Vloeren en trappen in natuursteen. Loshangende leuningen in geborsteld roestvrij staal.

View of one of the staircases, two of which run alongside the high atrium, opposite each other.

Vue sur l'un des deux escaliers placés en face-à-face. Tous deux délimitent le haut vide.

Zicht op één van de trappen waarvan er twee rechtover elkaar zijn ingeplant. Beide begrenzen de hoge *vide*.

The various spaces can be reached via the central hallway. One of these spaces is this dining room, situated opposite the sitting room. In contrast with the entrance hall, a wooden floor has been laid here. An open fireplace has also been created in this space.

Par les escaliers centraux, on accède aux différentes pièces, dont la salle à manger, située en face du salon. Pour obtenir un contraste avec le hall d'entrée, on a placé un plancher. La pièce est également dotée d'un feu ouvert.

Vanuit de centrale trappenhal kan men de verschillende ruimtes bereiken. Een ervan is deze eetkamer, gelegen tegenover de zitruimte. In contrast met de inkomhal werd hier een plankenvloer geplaatst. Ook hier werd een open haard gecreëerd.

The sitting area, like the dining room, has been clad with wooden planks. The symmetrically situated window zooms in on the surrounding nature. At right angles to this is the symmetrically designed open fireplace.
The entrance hall is situated through the wide doorway, along with one of the staircases and the entrance to the dining room.

Comme dans la salle à manger, le sol du salon est garni d'un plancher. La fenêtre très symétrique offre une vue rapprochée sur la nature. A la verticale, le feu ouvert est placé de façon symétrique.
Derrière la porte largement ouverte, le hall d'entrée, avec un des escaliers et l'accès à la salle à manger.

Net zoals de eetkamer werd ook de zithoek met houten planken bekleed. Het sterk symmetrisch geplaatste raam zoomt in op de natuur. Loodrecht hierop staat een symmetrisch ontwerp van de open haard.
Achter de brede openstaande deur is de inkomhal gesitueerd, met één van de trappen en de ingang naar de eetkamer.

Views of the garden from the kitchen dining area and the library; in the background are the pool house and swimming pool.

Vues depuis le coin à manger de la cuisine et la bibliothèque sur le jardin. Dans le fond de celui-ci, la poolhouse et la piscine.

Zichten vanuit de keukeneethoek en bibliotheek naar de tuin met op de achtergrond het poolhouse en zwembad.

The kitchen is also connected to the central entrance hall. Wood-veneer central unit. All of the other furniture is made of finished sheet material.

La cuisine est elle aussi en contact avec le hall d'entrée central. Meuble central en contreplaqué. Tous les autres meubles ont été réalisés en panneaux laqués.

Ook de keuken staat in contact met de centrale inkomhal. Middenmeubel in gefineerd hout. Alle overige meubels zijn uitgevoerd in gelakt plaatmateriaal.

A dressing room with bathroom was designed upstairs for the parents.

À l'étage, les parents profitent d'un dressing avec salle de bains.

Op de verdieping werd voor de ouders een dressing met badkamer ontworpen.

A view of the long dressing room. In the background, behind the glass screen, a shower room has been installed. All of the furniture was created using finished sheet material.

Vue sur le long dressing. À l'arrière-plan, derrière la vitre, une cabine de douche. Tous les meubles sont en panneaux laqués.

Zicht op de lange dressing. Op de achtergrond, achter de glazen wand, is een doucheruimte voorzien. Alle meubels werden gerealiseerd in gelakt plaatmateriaal.

Both the floor and the furniture in the bathroom were built in natural stone according to designs by the architect.

Le sol et les meubles de la salle de bains ont été réalisés en pierre naturelle d'après des croquis de l'architecte.

Zowel de vloer als het meubilair in de badkamer werden uitgevoerd in natuursteen naar tekeningen van de architect.

BIOGRAPHY

Architect Pascal van der Kelen
www.pascalvanderkelen.com

1963
Born on January 4 in Sint-Niklaas

1980-1985
Studies at Sint-Lucas (Institute of Architecture) in Ghent

1985-1990
Collaborator with several architecture and design offices
Lou Jansen – Turnhout
Werner De Bondt – Antwerp
Paul Robbrecht – Ghent

1989
Collaborator A2RC – Brussels

1990-1996
Collaborator Claire Bataille & Paul Ibens – Antwerp

1986 – present
Own architecture & design office in Stekene

BIOGRAPHIE

BIOGRAFIE

Architecte Pascal van der Kelen
www.pascalvanderkelen.com

1963
Né le 4 janvier à Sint-Niklaas

1980-1985
Etudes à l'Institut d'Architecture Sint-Luc à Gand

1985-1990
Collaborateur à plusieurs bureaux d'architecture et de design
Lou Jansen – Turnhout
Werner De Bondt – Anvers
Paul Robbrecht – Gand

1989
Collaborateur A2RC – Bruxelles

1990-1996
Collaborateur Claire Bataille & Paul Ibens – Anvers

1986 – présent
Bureau indépendant d'architecture et de design à Stekene

Architect Pascal van der Kelen
www.pascalvanderkelen.com

1963
Geboren op 4 januari te Sint-Niklaas

1980-1985
Studies aan het Architectuurinstituut Sint-Lucas te Gent

1985-1990
Medewerker bij verschillende architectuur- en designbureau's
Lou Jansen – Turnhout
Werner De Bondt – Antwerpen
Paul Robbrecht – Gent

1989
Medewerker A2RC – Brussel

1990-1996
Medewerker interieurarchitecten Claire Bataille & Paul Ibens – Antwerpen

1986 – heden
Eigen architectuur- en designbureau te Stekene

1994

Yearbook *Architectuur Vlaanderen 1990-1993* – Ministerie van de Vlaamse
Gemeenschap

Catalogue Exhibition *Mein Erstes Haus* – DeSingel

1995

Hedendaagse Architectuur in België – *Mein Erstes Haus* (Geert Bekaert)

1996

Yearbook *Architectuur Vlaanderen 1994-1995* – Ministerie van de Vlaamse
Gemeenschap

1997

Sensual Home (Ilse Crawford)
Vlaanderen Nieuwe Architectuur (Pierre Loze)
Abitare – *Oltre la semplicita* (Maurizio Cohen)
Architektur & Wohnen – *Man darf die Sinne nicht überfüttern* (Gesa Engelschall –
Heiner Scharfenorth)

BIBLIOGRAPHIE SELECTIONNEE   GESELECTEERDE BIBLIOGRAFIE

1998

Atrium – Ein Konzept von Licht, Natur und Geometrie (Marc Heldens)

1999

Architecture showcase – Single-family houses (Arian Mostaedi)
Interni – Moderno Fiammingo (Philippe Seulliet)

2000

Résidences Décoration 31 – Derrière la façade (Philippe Seuillet)
Résidences Décoration 32 – Lumineuse simplicité (Philippe Seuillet)
La Republica delle donne – Fiaba Liberty (Lisa Matthews)
Les plus beaux intérieurs – Modernité flamande (Philippe Seuillet)

2001

Knack Weekend 12 – Minimalisme in het bos (Dominique Soenens)
Knack Weekend 36 – Kleerkast kamers (Piet Swimberghe)

2002

Knack Weekend 9 – Zonder nostalgie (Piet Swimberghe)
New Architectural Interiors – Minimalist Spaces (Arian Mostaedi)
Vivre avec l'art / Wonen met Kunst (Beta-Plus)

2003

Decors 1019 – De weelde van de soberheid (Dominique Pieters)
La Libre Belgique April 3, 2003
Actief Wonen / Déco Idées 92 – Het witte huis (Gerrie Soetaert)
Abitare 428 – Belgium (M.V.C.)
Knack Weekend – Boeken op de plank (Piet Swimberghe)
Contemporary Interiors / Intérieurs contemporains / Hedendaagse interieurs (Beta-Plus)
Interieurs in Antwerpen (Roularta Books)

2004

Colour in the Home / Couleur et habitat / Wonen met kleur (Beta-Plus)

2005

City Houses / Maisons de ville / Stadswoningen (Beta-Plus)
Maison française – Derrière la façade
Private Mansions / Maisons de maître / Herenwoningen (Beta-Plus)
Résidences Décoration 63 – Design tropical à Saint-Dominique
AD 51 – L'eau comme architecte
Contemporary Living in Belgium / Demeures contemporaines en Belgique / Hedendaags wonen in België (Beta-Plus)
L'Eventail 8 – La Belgium New Architecture
World Architecture and Interiors / Architecture et intérieurs du monde / Mondiale architectuur en interieurs (Beta-Plus)

PUBLISHER

BETA-PLUS

Termuninck 3

B – 7850 Enghien

www.betaplus.com

PHOTOGRAPHERS

All reports: Jo Pauwels,

except pages 28-29 / 74-79 : Koen Van Damme,

198 / 200 : Fabian Van Der Meersche

DESIGN

Polydem – Nathalie Binart

TRANSLATIONS

Laura Watkinson (English)

TxT-Ibis (French)

ISBN

9077213600

MANY THANKS FROM THE ARCHITECT TO

- Patrick Haemelinck;

- his parents;

- all clients (especially those who participated in this monograph);

- all office collaborators during the last twenty years.